区域经济问题研究系列
QUYU JINGJI WENTI YANJIU XILIE

江西省投资环境评价与优化研究

RESEARCH ON THE EVALUATION AND OPTIMIZATION OF INVESTMENT ENVIRONMENT IN JIANGXI PROVINCE

王国炎 等著

中国社会科学出版社

图书在版编目（CIP）数据

江西省投资环境评价与优化研究：／王国炎等著 . —北
京：中国社会科学出版社，2010.6
ISBN 978 - 7 - 5004 - 8677 - 0

Ⅰ．①江…　Ⅱ．①王…　Ⅲ．①投资环境—研究—江西
省　Ⅳ．①F127.56

中国版本图书馆 CIP 数据核字（2010）第 072347 号

策划编辑　卢小生　（E - mail：georgelu@ vip. sina. com）
责任编辑　卢小生
责任校对　王兰馨
封面设计　杨　蕾
技术编辑　李　建

出版发行　**中国社会科学出版社**
社　　址　北京鼓楼西大街甲 158 号　　　邮　编　100720
电　　话　010 - 84029450（邮购）
网　　址　http：//www. csspw. cn
经　　销　新华书店
印　　刷　北京新魏印刷厂　　　　　装　订　广增装订厂
版　　次　2010 年 6 月第 1 版　　　　印　次　2010 年 6 月第 1 次印刷
开　　本　710×1000　1/16　　　　插　页　2
印　　张　13　　　　　　　　　　印　数　1—6000 册
字　　数　212 千字
定　　价　28.00 元

序

　　投资环境是生产力，是凝聚力，更是竞争力。区域经济发展变化和竞争的实践表明，全球生产要素总是向投资环境优越和交易成本低的地区集中。近年来，发达国家和我国沿海发达地区的产业转移，来得十分迅猛。而金融危机的爆发，进一步加快了这个趋势。对我省来说，我们正面临改革开放以来承接产业转移、接受国内外投资的最佳历史时期。我省要吸引国内外的生产要素集聚和先进发达地区的产业转移，必须进一步解放思想，不断改善和优化投资环境。

　　"栽树要栽根，留人要留心"。现在的投资环境优化，早已超越了治理各种"三乱"的层次，也不再是简单的税收、土地优惠的比拼。现阶段优化投资环境必须坚持项目拉动、系统优化、整体提升的原则，不仅在基础设施、园区建设等领域要优化环境，在政务和商务领域要优化环境，在人文、教育、金融、科技、人居、生态等领域也要系统优化环境，整体提升环境建设水平。通过局部与整体协同、硬件与软件协同、重点与一般协同、政府与民众协同，形成上下联动、左右协调、共同形成推进优化投资环境的整体合力。

　　思想是行动的先导，思想解放的程度，决定着改革发展的力度、崛起跨越的速度。由省委书记苏荣同志倡导并主抓的"五个进一步解放思想"大型调研活动是我省开展深入学习实践科学发展观试点活动的一项重要内容。王国炎同志领衔承担了省委"如何在优化投资环境上进一步解放思想"的调研任务，并率领调研组全体同志以"不负众望、不辱使命"的高度政治责任感，全力以赴，团结协作，精心组织，科学实施，确保了整个调研活动进展顺利、深入扎实。为高质量完成好调研任务，王国炎同志带领调研组克服种种困难，全身心投入，形成了令人耳目一新的调研特色：

一是优势组合，在调研团队中吸收充实了省政府发展研究中心、省发改委、省经管干部学院的一批既熟悉省情、又有真知灼见的专家学者，使参与调研的人员达到了 15 人，大大提高了研究的水平和成果的宣传层次。

二是注重调研对象的代表性和针对性，力求在有限的时间内深入更多的地方调研，掌握了解更多具有说服力的资料。调研组分成三个组，深入到省发改委、省合作办、省外办、省科技厅等省直属单位和南昌、九江、赣州、新余、抚州等地调研，并到广东省政府发展研究中心、顺德经济技术开发区等部门进行座谈交流，对比赣粤发展环境差距。

三是讲究方法，注重实效，采取查阅有关数据资料、座谈访谈、参观考察、发放调查问卷等多种形式开展调研活动。调研组为更深入地了解各地干部群众特别是广大外商对我省投资环境的评价和建议，每到一个地方都要发放调查问卷，为进一步分析我省的投资环境提供了丰富的第一手材料。

《江西省投资环境评价与优化研究》一书，就是王国炎等同志在承担科研项目和广泛调研基础上的成果结晶。这是一部用实证方法系统地对江西省投资环境进行评价和优化的著作，读来使人眼前一亮。相信随着本书的出版，将给各级政府部门，尤其是与客商直接打交道的职能部门带来工作上的启示。借本书出版的机会，希望各级政府管理部门，通过学习、吸收作者的学术观点，牢固树立"人人都是投资环境、事事关系投资环境"的理念，以良好形象为环境增辉，以诚实守信给环境添彩，以实际行动促环境改善，真正营造出亲商、富商、安商的浓厚氛围。同时也希望有更多的有关投资环境的论著问世，不断地为优化我省投资环境建言献策。

江西是块红色的热土，改革开放以来，特别是近年来，在党中央、国务院的正确领导下，在中国特色社会主义理论体系的指导下，在 4000 多万井冈儿女的共同努力下，初步探索出了一条欠发达地区又好又快发展的新路。我们坚信，只要全省上下同德同心、群策群力，就一定能以作风的大转变推动效能的大提高，以形象的大提升促进环境的大改善，形成优质高效的政务环境、规范严明的法制环境、诚实守信的信用环境、宽松和谐的创业环境，在科学发展的大道上，不断迈出富民兴赣的新步伐。

江西省委常委、宣传部长　刘上洋

2009 年 12 月 28 日

前　言

　　环境，就是品牌，是生产力，是凝聚力，更是竞争力。优化投资与发展环境，是为促进区域经济发展营造氛围，提升形象，做优品牌；是为促进区域经济发展添魄力、增活力、强动力。优化投资环境，应该成为全省各级党委、政府和广大干部落实科学发展观，转变工作职能，促进我省经济又好又快发展的重要任务和基础工作。

　　首先，优化投资环境，是江西在新起点上实现"大发展"的重要保证。改革开放以来，特别是进入21世纪后，全省经济社会发展取得了令人瞩目的成就，实现江西崛起新跨越已呈现出难得的良好态势，但欠发达的省情尚未根本改变。落实科学发展观，对江西来说，就是要大力抓发展，加快发展、科学发展。

　　面对以广东为开端的一部分省市，正兴起新一轮思想解放、改革发展步伐加快的热潮，以及全国已形成进一步加速的"大开放"沿海发达东部、正在提速的"大开发"西部、加快"崛起"的中部和全面"振兴"的东北老工业基地四大经济区域。江西面临着强大的发展竞争形势，加快发展、科学发展的任务十分艰巨，江西必须要在进一步优化投资环境上有强烈的紧迫感，要形成发展的新优势，只有这样才能争取各种生产要素资源（包括资金、技术、人才等）汇聚，从而促进江西加快发展和再造新辉煌。

　　其次，优化投资环境，是江西在新形势下实现"大开放"的根本要求。在经济全球化步伐不断加快的今天，发展的空间取决于开放的程度，发展的速度取决于开放的进度，发展的水平取决于开放的深度。

　　江西地处我国中部地区，不沿海、不沿边。既缺乏沿海发达地区的区位之便和发育成熟的市场条件，又不具备西部的政策条件和优惠。全国各地特别是与江西同处于一个发展区域的中部省份，都在竞相开放、加快发展。江西要形成全方位、多层次、宽领域、内外融通的大开放格局，就必须进一步优化投资环境，强化开放意识、竞争意识和机遇意识，充分发挥江西的区位优势、资源优势、市场优势、劳动力优势，拓展国际国内"两个市场、两种资源"。

再次，优化投资环境，是江西新趋势下实现"大承接"的关键所在。随着经济的快速发展，江西省面对着全球产业转移速度、方式的变化和所转移产业的结构的逐步升级，面对着东部沿海产业转移形式由梯度性转移过渡到选择性转移，面对着以支柱产业或上游企业为核心、带动相关配套产业如物流、后勤服务、中小企业，以产业集群形式转移的新趋势。

江西作为全国唯一同时毗邻长江三角洲、珠江三角洲和闽东南三角区的省份，在新一轮产业大转移中，能否抓住机遇，成为吸引国内外生产要素集聚和沿海先进发达地区产业转移的"热地"或"首选地"，营造优良的投资环境是有效承接产业转移的关键，要努力打造精品投资环境，降低产业转移成本，为承接产业转移创造有利条件，让外来企业"无障碍进入、无障碍发展"。

最后，优化投资环境，是江西新阶段上实现思想"大解放"的战略举措。在不同的历史阶段，投资者对投资环境的要求是不断变化、不断提高的。从最早的对改善交通、能源、通信等硬环境的要求，到提供低成本的土地、劳动力和优惠政策的要求，再到转变政府职能、提高政府工作效率和提升产业、资金和服务的协调配套能力的要求，现在，江西已经进入要求经济、政治、文化、科教、人才、金融及城市化水平、人居环境等系统优化、整体提升的新阶段。

观念就是财富，思路决定出路。只有在优化投资环境问题上实现观念的大转变，思想的大解放，才有可能在优化我省投资环境上取得大突破，从而实现我省经济的大发展，迎来我省各项事业的大繁荣。

本书通过系统地研究评价江西的投资环境状况，揭示了优化投资环境需要在 12 个方面进一步解放思想，据此提出了优化投资环境的 5 项原则、总体思路和 9 项工程，最后从 8 个方面提出了对策性建议。本书认为：

（1）江西投资环境的特点可以归纳为9个方面：生态环境持续改善，区位优势日益凸显，宜游宜居宜商；战略明晰，定位准确，营造了良好的舆论与政策环境；积极创建优质高效的政府服务，打造亲商护商的政务环境；经济基本面运行良好，综合实力逐年增强；投资率不断提高，产业结构日趋合理；工业园区发展迅速，为投资提供良好平台；政府大力扶持，优势产业集群正在形成；交通运输建设加速，基础设施日益完善；投资资金来源多元，经济外向度提高。

（2）江西投资环境的纵向比较发现：江西的投资环境在逐年优化；促进江西投资环境逐年优化的主要因素是经济环境；基础设施环境中交通运输能力稳步提高，邮电通信能力快速增长，房地产投资充满活力；社会事业和服务环境中教育事业蓬勃发展，卫生事业进一步发展，科技活动取得新进展；区位与自然条件环境中的区位条件是江西省从产业梯度转移的"承接基地"转为"承接热地"的天然优势，自然环境在全省工业化进程中继续保持优良，生态牌仍旧是江西投资环境的最佳"王牌"。江西外商直接投资合同数与实际利用外资数逐年扩大。

（3）江西投资环境的横向比较发现：江西的投资环境在中部居于中等水平，与东部五省相比仍存在着较大的差距；江西在自然环境方面具有明显优势；经济发展水平、基础设施、社会服务方面的落后导致了江西投资环境综合竞争力偏低；固定资产投资增长率缓慢，产业投资结构不尽合理；外商直接投资总量较小，利用效率不高，来源地和区域投向较为狭窄；交通设施与邮电通信设施低于全国平均水平并处于中部六省的中等偏下水平；地区经济实力弱小，金融不够活跃，市场化程度不高；商务条件有优势，政务环境有差距。

（4）优化江西投资环境需要进一步解放的思想主要有：重权力轻责任，重收费轻服务的问题；重比拼政策优惠，轻综合商务成本的问题；重政策文件的制定，轻执行与监管的问题；重招商承诺，轻社会诚信体系建设的问题；重局部的基础设施建设，轻区域之间的协调与互动；重单个企业引进，轻产业链打造的问题；重外部招商引资，轻内资利用的问题；重道路、水、电等硬件建设，轻人才、文化等软件建设的问题；重维护稳定，轻创新开拓的问题；重个体知名度改善，轻区域整体形象提升的问题等。

（5）新形势下进一步优化投资环境的主要内容是：大力实施"生态产业示范工程"战略，打造江西生态品牌；积极开展"人文江西工程"建设，优化人文环境，打造开放、创新、进取的江西新形象；着力实施"高品位城市工程"建设，提高中心城市的品位和魅力；深入推进"行政提速"工程；着力实施"公平竞争促进工程"，优化政策法制环境、实现多主体公平竞争；以重大项目为抓手，着力实施"产业聚集工程"；着力打造"现代商务平台"工程，优化江西商务环境；积极开展"诚信金融环境"建设工程；努力推进"人才培养与引进工程"，优化人力资源环境，带动科技创新服务能力提升。

《江西省投资环境评价与优化研究》是笔者主持的学术团队集体完成的研究江西区域经济发展的新作，也是多位专家学者和实际工作部门领导集体智慧的结晶。课题调研阶段江西省政府发展研究中心副巡视员王志国研究员亲自带队赴上饶、广州、顺德等地调研，江西经济干部管理学院副院长秦夏明教授亲自带队赴九江、景德镇、抚州、广州、顺德等地调研，江西省发展和改革研究中心主任周国兰研究员亲自带队赴新余、南昌等地调研，江西财经大学蒋国河博士、江西经济管理干部学院肖永平讲师也参与了大量课题调研、撰写工作。所有同志从理论到实践对我省投资环境进行了深入的研究。课题组先后举行了大小型会议数十次，采取各种形式开展调查研究，集思广益，反复讨论，甚至展开激烈的争论，历时大半年，最终形成了送交省委的课题总报告。本书在此基础上，经进一步的理论深化、资料整理、对策调整应用形成书稿。其中选题、大纲拟订、主要章节的写作、修改通稿以及最后定稿以笔者为主完成。谢奉军博士协助完成了本书的前期策划和框架安排，并参与了本书第五章的写作；杨海军副教授协助完成了本书的成书统稿工作，并参与了第四章的写作；辛泳讲师和姚德文博士参与了第一章的写作；梅晓文副教授参与了第二章的写作；佘颖讲师参与了第三章的写作；严海宁博士参与了第六章的写作；姚德文博士参与了第七章的写作；南昌航空大学党政办郭卫讲师、罗健康同志在组织协调和后勤保障中都付出了辛勤的劳动，在此一并向为本书作出贡献的同志们表示衷心的感谢！

相信读者通过本书，可以增进对江西省情的了解，深化对投资环境的认识，并对其开展实际工作以有益的启迪和帮助。

　　由于学识的限制和时间的仓促，书中定有许多错漏、不妥之处，恳请各位读者批评赐教，以便我们不断提高。

王国炎　于南昌航空大学前湖校区

2009 年 9 月 9 日

目　录

绪　　论

投资环境包括城市、能源、交通、通信、生态等硬环境，也包括政策、法制、政务、人居条件和科技、教育、文化、人才等软环境，是一个地区所特有的决定企业进行生产性投资、创造就业以及扩大规模的各种条件、机会和激励措施等一系列因素的集合。事实证明，环境就是品牌、环境就是生产力，环境就是凝聚力，环境就是竞争力。地区之间的竞争，说到底就是环境的竞争。优化投资环境，就是为促进区域经济发展营造氛围、提升形象、做优品牌。优化投资环境，就是为促进区域经济发展添魄力、增活力、强动力。优化投资环境，应该成为全省各级党委、政府和广大干部在经济工作领域落实科学发展观，转变工作职能，促进江西省经济又好又快发展的重要任务和基础工作。

一　江西省投资环境现状的基本评价

（一）经济综合实力逐年增强

江西省国民经济连续多年持续增长。2007 年全年全省国内生产总值 5469.3 亿元，比上年增长 13.0%，连续五年实现 12% 以上的增长。全年财政总收入突破 600 亿元，达 664.6 亿元，比上年增长 28.2%，同比加快 6.4 个百分点，已是第五年保持 20% 以上的增幅。县级财力显著增强，所有县（市、区）财政收入均超亿元。工业的主导地位进一步增强，工业生产快速增长。工业增加值自 2004 年超千亿以来，基本保持 20% 以上的增长率（仅 2006 年为 19%），2007 年达到创纪录的 2264.1 亿元，增长 21.6%，占生产总值的比重首次突破 40%，达 41.4%，对经济增长的贡献率达 63.4%。

（二）投资率不断提高，产业结构日趋合理

全社会固定资产投资率是考察地区产业发展水平的重要指标，发达国家与国内沿海省份的快速发展都伴随着较高的投资率，江西省 2000 年以前投资率水平一直处于全国平均水平以下，更远低于沿海发达省份水平，2001 年投资率首次超过 30%，为 30.4%，2002 年上升为 37.7%，2003 年实现了 48.8%，第一次高于全国平均投资率 16 个百分点。2004 年投资率为 52.2%，高于全国 2.6 个百分点，2007 年更达到了 60.3%。同时三次产业结构也有了很大改变，省三次产业增加值结构由 2000 年的 24.2：35.0：40.8 演变为 2004 年的 20.4：43.8：35.8，产业结构实现了由"三、二、一"到"二、三、一"的战略转变，2007 年三次产业结构调整为 16.6：51.7：31.7，二三一结构得到进一步强化和巩固。这也与江西省积极发展制造业，承接沿海产业转移的定位是一致的。

（三）工业园区发展迅速，为投资提供良好平台

江西省工业园区建设始于 20 世纪 90 年代。1991 年南昌高新技术产业开发区的创建揭开了工业园区发展的序幕，1991—1999 年全省共设立开发区 21 家，其中省级开发区 19 家、国家级开发区两家。进入 21 世纪以来，江西省确立了以工业化为核心，依托工业园区办工业的发展思路，各地掀起了依托园区办工业的高潮。2003 年年底，全省工业园区迅速发展到 137 个，后经过淘汰，整顿，一批绩效较差的园区被关停合并，目前全省工业园的数量为 98 个，现在这些园区正成为承接投资，带动本地经济的主力，至 2007 年年末，全省入园投产工业企业达 7319 家；安置从业人员 126.4 万人，园区完成工业增加值 1239.8 亿元，增长 32.8%。园区主营业务收入、利润、税金分别完成 3823.5 亿元、216.5 亿元和 203.9 亿元，分别增长 48.6%、54.1% 和 41.1%。年主营业务收入超 100 亿元的园区达 10 家，其中南昌高新技术产业开发区突破 400 亿元。在入园企业中，具有世界 500 强背景的企业达到 30 家，这些企业在自身发展壮大的

同时，也在当地逐渐形成了产业集聚，带动当地产业发展专业化，规模化，从而形成更大的产业吸引优势。

（四）交通运输建设加速，基础设施日益完善

经过多年的努力发展，江西省交通运输情况有了较大的发展，交通运输能力稳步提高。2007年年末铁路运营里程达到2458公里，货物运输量达到5605万吨。鹰潭、向塘西编组站是全国重要的路网性地区性编组站，南昌则是全国铁路最繁忙的客流中心，全省高速公路通车里程由2000年的420公里上升到2007年的2458公里，通车里程居全国前十位，所有出省主通道和省会南昌到各设区市道路全部实现了高速化。随着交通条件的改善，长沙、武汉已被纳入3小时经济圈，杭州和上海则纳入5—7小时经济圈。目前省内有5个机场，南昌机场已开通国际航线，并且正在扩建之中。邮电通信能力不断提高。电话交换机总容量达到1205万门，固定电话用户达到884.1万户。其中城市电话用户494万户，农村电话用户390万户。移动用户达到1155万户。宽带网用户达152.6万户。

（五）自然条件优越，区位优势明显

江西省矿产资源丰富，是我国主要的有色、稀有、稀土矿产基地之一，也是我国矿产资源配套程度较高的省份之一。在目前已知的150多种矿产中，江西省已发现各类固体矿产资源140多种，其中探明工业储量的有89种；居全国前五位的有33种。特别是铜、钨、铀钍、钽铌和稀土被誉为江西省的"五朵金花"。其中铜储量占全国总储量的1/5，工业储量占全国储量的1/3。江西省水资源丰富，水质好，淡水面积16.1万公顷，占全国的9.3%，居全国第三位，全省水力资源理论蕴藏量682万千瓦，其中可开采装机容量610万千瓦。江西省处于北回归线附近，全省气候温暖，日照时间长，雨量充沛，无霜期长，为亚热带湿润气候，十分有利于农作物生长。农业生产资料供应充足。江西省区位优势明显，居于交通咽喉之地，贯通东西南北，是全国唯一毗邻长江三角洲、珠江三角洲和闽东南三角区的省份，是三大经济区的共同腹地，在接受沿海发达地区的经济辐射与带动中有着十分明显的区位优势。

（六）政府大力扶持，优势产业集群正在形成

江西省在强化协调服务的基础上，推动各类生产要素加快集聚，推进形成一批产业基地：把鹰潭打造成全国最大的铜冶炼基地、铜产品加工基地和铜产业物流中心，建设世界铜都；建设南昌铜精深加工及新材料基地；建设新钢、南钢、萍钢三大精品钢铁基地；建设新余、抚州光伏产业基地。2007 年，江西省整合财政资金 1 亿元，重点扶持了 25 个经过优选的高新技术产业化项目，取得良好效果。在此基础上，江西省 2008 年还将整合财政资金 2 亿元，采取投资补助、贷款贴息、信用担保、投资入股等方式，重点在电子信息、新材料、新能源、生物技术、新医药和现代中药、重大装备及资源综合利用等领域优选 30 个高新技术产业化项目予以支持。加上在"十一五"规划中已经列出的纺织化工产业，盐化工产业，陶瓷产业等支柱产业。江西省的经济发展已经走出了过去无序发展，盲目上马的时期，开始了由龙头产业带动的链式和集群式发展。产业环境优化。

（七）人力资源充足，低成本优势明显

江西省是传统的劳务输出大省，目前分布在沿海各省份的务工人员达到 580 万人以上，这其中有很多是各行业的熟练工，随着江西省经济的发展，越来越多的外出务工人员选择了回到家乡工作，为地方经济的发展提供了充足的合格劳动力。同时，由于地方经济发展水平和物价水平低于沿海，企业在生产成本上也远低于发达地区，目前江西省的人均工资只有沿海发达地区的一半左右，并低于中西部地区大部分省份；水电等成本较低，平均水平仅为上海的一半、广东的 60%。土地获取成本则更是只有沿海发达省份的几分之一甚至十几分之一。

（八）社会公共事业投入加大，宜居指数提高

江西省气候宜人，风景秀丽，森林覆盖率达到 60.1%，有 11 个国家级风景名胜区，24 处省级风景名胜区，55 个自然保护区，58 个森林公园，主要河流 I —Ⅲ类水质断面比例为 77.2%。拥有优良的水质和空气，十分适合居住。近年来，江西省实施了"建设和谐平安江西省，共创富

民兴赣大业"的战略，加大了对农林水利、公共医疗卫生、社会保障、基础教育、生态建设和环境保护等社会事业的投资力度，全省社会事业投资快速增长。2004 年，江西省社会事业投资 341.09 亿元，比 2000 年增长 3.7 倍。尤其在环境保护、社会保障和基础教育等方面的投资得到加强，增强了社会发展后劲。

（九）消费品市场蓬勃发展，市场繁荣

消费品市场繁荣活跃。2008 年社会消费品零售总额达到 1683.1 亿元，比上年增长 17.9%，扣除价格因素，实际增长 13.4%。分城乡看，城市市场实现零售额 890.8 亿元，增长 18.9%；县及县级以下市场实现零售额 792.3 亿元，增长 16.7%。假日消费和婚庆消费拉动住宿和餐饮业快速增长，实现零售额 179.6 亿元，增长 20.4%；批发零售贸易业保持平稳增长，实现零售额 1485.9 亿元，增长 17.7%。居民消费结构不断升级。在限额以上批发零售业零售额中，汽车类实现零售额 55.9 亿元，比上年增长 42.0%；家用电器及音像器材类 28.9 亿元，增长 27.1%；金银珠宝类 4.5 亿元，增长 44.0%；化妆品类 3.0 亿元，增长 33.0%；电子出版物及音像制品类 1.4 亿元，增长 97.3%。各类商品市场较快发展。年成交额在亿元以上的商品交易市场有 87 家，实现成交额 826.4 亿元，比上年增加 159.7 亿元。其中年成交额在 10 亿元以上的有 19 家，成交额 593.0 亿元。

（十）投资资金来源多元，经济外向度提高

2007 年，江西省实际利用外商直接投资为 31.0 亿美元，连续四年高速增长，在中部六省位居前列，而此前的 1984—2003 年的 20 年间，江西省实际引进外资不到 40 亿美元。江西省发展正处于黄金期，2008 年新批外商投资企业 867 个，其中新批合同外资金额 1000 万美元以上大项目 96 个，引进省外单项投资 5000 万元以上工业项目资金 828.6 亿元，是 2000 年全部项目的引进资金（87.74 亿元）的近十倍。富昌科技、赛维 LDK、晶能光电等一批外资企业增资活跃。联邦快递、可口可乐、IBM、花旗公司、日本日立等世界 500 强企业相继投资江西省，有世界 500 强投资背景的企业总数达 30 家，标志着江西省对外开放水平又有了新的进展。比较

2004—2007 年全省城镇固定资产投资资金来源构成可以看出六项资金来源中呈现"三增三降"的格局：国家预算内资金、国内贷款和债券资金比重逐年下降；利用外资、自筹资金和其他资金比重逐年上升，说明江西省投资增长内生机制增强投资资金来源的新变化，印证了江西省固定资产投资资金来源内外资联动机制逐渐形成，反映了江西省外向型经济的日益提高。

二　新形势下优化江西省投资环境的重要意义

（一）优化投资环境，是江西省新起点上实现"大发展"的重要保证

改革开放以来，特别是进入 21 世纪后，全省经济社会发展取得了令人瞩目的成就，实现江西省崛起新跨越已呈现出难得的良好态势，但经济发展不足、经济总量偏小，经济水平欠发达的基本省情尚未根本改变。对江西省来说，落实科学发展观，当前和今后相当长时期的根本任务，仍然是以经济建设为中心，一心一意谋发展，聚精会神搞建设，加快发展、科学发展。

当前，以广东为代表的全国各省（市、自治区）正在兴起新一轮的思想解放，加快改革热潮；放眼全国，深化改革发展的"大开放"的东部、全面提速的"大开发"的西部、加快"崛起"的中部和全面"振兴"的东北老工业基地四大经济区域正在竞相优化投资环境，促进区域经济又好又快发展。江西省面临着严峻的竞争形势，加快发展、科学发展的任务十分艰巨。江西省必须要在优化投资环境上有强烈的紧迫感，努力形成投资环境的新优势，只有这样，才能争取各种生产要素资源（包括资金、技术、人才等）加速向江西省汇聚，从而促进江西省加快发展和再造新辉煌。

（二）优化投资环境，是江西省新形势下实现"大开放"的根本要求

在经济全球化步伐不断加快的今天，发展的空间取决于开放的程度，发展的速度取决于开放的进度，发展的水平取决于开放的深度。

江西省地处我国中部地区，不沿海、不沿边。既缺乏沿海发达地区的区位之便和发育成熟的市场条件，又不具备西部的资源优势和政策优惠。全国各地、特别是与江西省同处于一个发展区域的中部各省，都在竞相优化投资环境，加快开放、加快发展。江西省要形成全方位、多层次、宽领域、内外融通的大开放格局，就必须优化投资环境，强化开放意识、竞争意识和机遇意识，充分发挥江西省在中部地区的生态优势、区位优势、资源优势、市场优势、劳动力优势和基础设施优势，全力优化江西省的人才优势、低成本优势等各类软环境优势，努力形成江西省在中部各省对外开放的比较优势。

（三）优化投资环境，是江西省新趋势下实现"大承接"的关键所在

随着经济的快速发展，江西省面对着全球产业转移速度、方式的变化和所转移产业结构的逐步升级，面对着东部沿海产业转移形式由梯度性转移过渡到选择性转移，面对着以支柱产业或上游企业为核心、带动相关配套产业如物流、后勤服务、中小企业，以产业集群形式转移的新趋势。

江西省作为全国唯一同时毗邻长江三角洲、珠江三角洲和闽东南三角区的省份，在新一轮产业大转移中，能否抓住机遇，成为吸引国内外生产要素集聚和沿海先进发达地区产业转移的承接"热地"，营造优良的投资环境是关键。我们要努力优化投资环境，降低产业转移成本，提高产业转移的效率，为承接产业转移创造有利条件，让外来企业"无障碍进入、无障碍发展"。

（四）优化投资环境，是江西省新阶段上实现思想"大解放"的战略举措

在不同的历史阶段，投资者对投资环境的要求是不断变化、不断提高的。从最早的对改善交通、能源、通信等硬环境的要求，到提供低成本的土地、劳动力和优惠政策的要求，再到转变政府职能、提高政府工作效率和提升产业、资金和服务的协调配套能力的要求，现在，江西已经进入到要求经济、政治、文化、科教、人才、金融及城市化水平、人居环境等系统优化、整体提升的新阶段。

科学发展观是我们党关于发展理念的又一次大转变、发展思想的又一次大解放。科学发展观关于发展的内容更全面了，发展的目的更明确了，发展的思路、途径、方法更科学了。与此同时，科学发展观给优化投资环境赋予了新内涵，提出了新要求，提供了新思路。

优化投资环境必须自觉坚持以科学发展观为指导。科学发展观强调以人为本，一切为了人，一切依靠人，这就要求我们必须围绕促进人的全面发展来优化投资环境，这就要求更加重视人才、更加重视教育、更加重视文化建设、更加重视民生、更加重视推进城市化进程和提高人居环境的质量与品位。既要重视优化市场经济主体的投资环境，也要重视优化劳动者的生存、发展环境；科学发展观要求坚持五个统筹，这就要求我们必须在为经济建设创造良好发展环境的同时，还要更加重视优化生态、教育、科技、文化、卫生、体育等社会事业的发展环境，从而实现经济与社会事业的互相促进、良性互动，促进四个文明协调发展；科学发展观要求走全面协调可持续发展的道路，转变经济发展方式，这就要求我们必须精心维护、不断优化江西省的绿色生态环境，把科教兴赣、人才强省的战略放到更加重要的位置，努力变巨大的人口负担为巨大的人才资源优势。既要为全力推进江西省的工业化进程优化发展环境，又要对照全面建设小康社会的目标要求，加快推进城市化进程，大力发展现代服务业，提升第三产业的比重和水平，加快发展优质高效农业和绿色生态农业。

科学发展观的要求和投资者在新阶段对优化投资环境的新要求是一致的，这就是必须在优化投资环境上坚持系统优化、整体提升。

观念就是财富，思路决定出路。只有在优化投资环境问题上实现观念的大转变，思想的大解放，才有可能在优化江西省投资环境上取得大突破，从而实现江西省经济的大发展，迎来江西省各项事业的大繁荣。

三　本书的研究方法与框架

（一）关于研究和论述方法

本书遵循了马克思主义哲学的从具体到抽象、再从抽象到具体的方法。

首先，从江西省区域经济日益繁荣发展、江西省投资发展环境日益优化这一客观经济现象出发，通过搜集、整理、阅读相关文献资料，结合问卷调查和实地考察，对与江西省区域经济发展、江西省投资发展环境相关联的主体，包括各级政府部门、国有大中型企业、私有经济、销售商、运输商等取得了密切联系，尤其是对江西省投资发展环境优化的关键薄弱环节有了较为深刻的感性认识。在充分掌握第一手资料的基础上，紧扣优化江西省投资发展环境，促进江西省区域经济发展这一主题，提炼出江西省投资环境优化的原则、思路、目标，并通过与江西省自身历史的纵向对比、与东部五省及中部五省的横向对比，阐述这一总体框架的可行性、前瞻性与可操作性。然后，在这一框架内，提出了以"两大实验区"及"八大工程"推动江西省投资环境优化切实可行的政策措施。

其次，我们在本书中运用了历史分析与系统研究相结合的方法。本书力图按照江西省投资环境真实的演变发展进程来把握其中存在的政府部门之间、产业之间、企业之间、政府与企业之间、区域之间的系统协作关系。我们将江西省投资环境作为一个有机的联系紧密的协调系统来研究，这可能是本书不同于相似研究的一大特色。20世纪80年代，一般意义上的区域投资环境优化主要侧重于地区基础设施建设，具体表现为"三通一平"、"五通一平"发展到"七通一平"；到90年代，区域投资环境的优化又表现为政府增加对区域投资软环境上的供给，具体主要表现为地租、税收等方面的政策倾斜；然而，在步入21世纪之后，以往单纯依靠在投资硬环境、投资软环境上某个或某些方面增加供给来优化整个区域发展环境的做法，已越来越显得力不从心。一是随着各个地区的相互竞争与发展，政府投入的不断增加，在基础设施建设、政策倾斜方面各个地区，即使是发达地区与欠发达地区之间，差距已经变得很小，政策倾斜甚至是欠发达地区比发达地区更好，因此基础设施建设投入、地租税收等政策倾斜对投资者的边际吸引力正在不断缩小。二是随着收入的增加，投资者已不和原来一样，只是一个单纯的趋利主体，投资者越来越关注生活质量的提升以及各种价值的实现，这使得投资主体在选择投资的区域时，做的是一个系统选择，而非单纯的经济利益。因此，现在的投资环境是一个涵盖影响投资者经济利益、生活质量、跨期替代、价值实现等因素的综合系统，具体表现为包括区域经济实力、区域商务环境、区域政务环境、区域生态环境、区域文化教育环境、产业配套、娱乐休闲等。

最后，本书运用了理论研究与实证分析相结合的方法。先借助政治经济学、产业经济学、区域经济学、区域开发、区域竞争力等有关理论，对区域投资环境的相关理论与相关文献进行了系统梳理，总结归纳出区域投资环境的内涵与特征。在进行理论研究的同时，本书还采用了实证分析方法。写作本书的学术团队长期深入江西省各个地区，亲自观察、参与和体验江西省区域经济发展的成就。为了写作本书，写作组分赴各地调研。2008年4月16日，第一组赴新余、吉安进行了调研；第二组，赴九江、景德镇进行了调研；第三组赴上饶进行了调研。2008年4月22日上午，写作组全体成员在南昌市召开了管理部门、企事业单位座谈会。2008年4月27日赴广东调研。2008年5月8日赴抚州调研。调研过程中，写作组深入机关、工业园区、企业、厂矿、农村等单位进行访谈，获得了大量第一手资料和案例，从而对分析江西省投资环境提供了实证材料的支撑。与此同时，我们还设计了分别针对政府部门和企业的调查问卷，对回收的共计194份有效问卷进行了数据分析，从中得出了江西省投资环境目前存在的深层次问题及原因，使得我们提出的优化江西省投资环境的政策措施具有很强的针对性。

（二）本书的框架

本书除绪论外，正文部分共分为六章。

第一章　区域投资环境的基本理论。本章主要是对我们整个研究的一个理论基础准备。首先对投资环境做了一个概念界定，并指出投资环境的综合性、动态性、差异性、主导性和相对性五个特征。为了对研究有个总体的把握，本章对投资环境也就是我们的研究主体进行了范围的界定，并在系统回顾国内外评价投资环境的方法基础上，确定 AHP 法为我们研究的数据处理方法。

第二章　江西省投资环境的纵向分析（2000—2006）。本章主要通过江西省自21世纪以来的历史数据，采用 AHP 法构建投资环境综合评价指标体系，对江西省投资硬环境做了一个综合的历史比较。

第三章　江西省投资环境的横向分析：与中部五省及东部五省的比较。本章主要通过江西省与中部、东部五省的截面数据，采用上一章构建的投资环境综合评价指标体系，对江西省投资硬环境与中部、东部五省的投资硬环境进行了横向比较，以找出江西省投资环境中的优势与劣势。

第四章　江西省投资软环境的实地调研分析：访谈与问卷调查。本章主要是通过实地调研和问卷调查，对江西省投资环境中难以量化的软环境进行系统评估。

第五章　优化江西省投资环境的对策研究。在前面章节研究的基础上，本章提出了优化江西省投资环境的一系列有针对性的政策建议及具体措施。

第六章　江西省投资环境的个案剖析：南昌高新技术产业开发区。本章主要是对具有典型意义的南昌高新技术产业开发区的投资环境进行了深入的剖析。

第七章　江西省投资环境的地区剖析：江西省新余市。本章主要是对具有地区典型意义的江西省新余市的投资环境进行了深入的剖析。

第一章　区域投资环境的基本理论

第一节　投资环境的概念及特征

一　投资环境的概念

"投资环境"一词的产生始于第二次世界大战以后，1968 年，美国学者伊西·特利法克和彼德·班廷最先提出"投资环境"的概念，它是伴随着西方发达国家的产业转移和国际直接投资的繁荣而被提出的。国外的文献中一般称为 Investment Climate（投资气候）或 Business Environment（商业环境），其讨论的往往是和跨国直接投资所面临的环境相联系的。实际上，内资与外资所面临的同一地区的投资环境主体是相同的，只是其构成要素与侧重点存在差别，且外商直接投资环境具有更为深刻的内涵和宽泛的外延。

投资环境的具体概念，学术界并未形成统一的定义，现有概念往往是从不同角度给出的描述，比如，投资环境是制约投资行为的客观条件，是投资者在进行国际投资时所面临的境况等。较为科学的定义包括："投资环境是指在投资的一定区域内对投资所要达到的目标产生有利和不利影响的外部条件。""国际投资环境是指影响国际投资的各种政治因素、自然因素、经济因素和社会因素相互依赖、相互完善、相互制约所形成的矛盾统一体。"这些定义虽然都具有一定科学性，但是还不够明确与完善。投资环境比较科学的定义为：投资环境就是指围绕着投资主体存在和变化发展的并足以影响或制约投资活动及其结果的各种自然、技术、经济和社会条件的总称。它包括与一定投资项目相关的政治、经济、自然、社会、法律等各方面的因素，是这些因素相互交织、相互作用、相互制约而成的有机整体。

世界银行的第27辑年度世界发展报告（英文版，2004年9月；中文版，2005年1月，清华大学出版社）把"改善投资环境，促进人人受益"定为主题，其中世界银行将投资环境定义为：一个地区所特有的决定企业进行生产性投资、创造就业以及扩大规模的各种机会和鼓励措施等一系列因素；投资环境是各种因素作用的结果，是一个综合的、动态的、具体的概念。本书在研究中采用世界银行的这一界定。国内对投资环境这个概念的重视是在改革开放以后。从80年代初开始，国家的工作重点开始转移到经济建设上来，各级政府为发展地区经济，纷纷出台了各种优惠政策吸引外来投资，随着这一进程的全面铺开和向纵深发展，各式各样的问题也随之涌现，从而引发了对改善投资环境的思考与探索。

二 投资环境的特征

投资环境具有以下几个特性[①]：

（一）综合性

投资环境是一个复杂的系统，它由若干个子系统组成，各个子系统又按照一定的结构、规模、时间、空间形式，以其各自的功能，相互作用、相互制约，构成一个完整的投资环境系统。投资环境的综合性，不仅表现为投资环境在总体上对投资活动的制约与影响，而且表现为投资环境的各个子系统对投资活动的制约与影响。这种综合性的特征要求人们在评价和改善投资环境的实践中，必须全面顾及所有的因素。

（二）动态性

投资环境的各种因素不是一成不变的，而是随着时间的推移而不断变化的，因为一方面由于投资的环境本身状况处于不断运动和变化中，有些投资环境因素变得对投资活动有利，有些投资环境因素变得对投资活动不利并处于恶化状态。如果增加交通、通信设施，调整产业结构和产业政策，改革经济体制等投资环境因素，就会对投资活动有利；如果破坏资

---

① 李光：《中部地区投资环境比较研究》，硕士学位论文，南昌大学，2007年。

源、破坏生态平衡等投资环境因素，就会不利于投资活动。另一方面，衡量投资环境的价值尺度也会随着时代的发展有所不同。认识投资环境动态性的特征，可以提高我们改善投资环境的预见性，预测未来评价投资环境的标准和观念，从而提前创建良好的投资环境。

（三）差异性

投资环境对投资活动的制约与影响存在差异性。同一投资环境将对不同部门、行业和项目的投资者有不同的制约与影响，产生不同的吸引力。之所以如此，一是由自然因素决定的；二是由技术和经济因素决定的；三是由社会人文等方面投资环境因素决定的。总的说来，现代化程度低的部门项目的投资主要是依赖自然资源条件等投资环境；而现代化程度高的部门，项目的投资则主要依赖良好的技术、经济和社会等投资环境。明确这种投资环境的差异性特征，既可使投资者选择便于发挥其拥有行业、项目优势的特点进行投资，也便于受资者从其投资环境的实际出发，有针对性地改善投资环境，以有效地增强对自己所需行业投资的吸引力。

（四）主导性

在不同的发展阶段上，社会经济各要素中总有一个或几个要素居于主要地位，它们对投资活动起主要甚至决定性的作用，影响和决定了这一时期地区经济的性质和特征，通常它们总是某些经济要素，当然也不排除一时一地社会文化、政治法律要素也可能决定投资环境的性质和特征。

（五）相对性

投资环境是一个开放的系统，同时又是国家社会经济技术系统内的一个子系统，其好坏与优劣程度是一个相对的概念，因此是以各国或各地区横向对比作为参照的。评判某个国家或地区的投资环境优劣，不能脱离同其他国家或地区的比较而孤立地进行，否则就失去了评判的意义。

（六）先在性

投资环境是先于投资行为而存在的。不但自然环境和地理条件如此，就是政治、经济、物质技术、社会文化诸因素均如此。所以，东道国或地区为了卓有成效地吸引外资，须提前创建良好的投资环境。

三　对投资环境的内涵及研究认识的变迁

在我国，对投资环境构成因素的认识，是随着对外开放政策的实施、尤其是吸收外商直接投资的实践及其经验的不断总结，由比较肤浅、片面而逐渐得到深化和完善的，并且首先是从实行特殊开放政策和灵活措施的经济特区开始的。起初一般将投资环境的构成因素等同于"三通一平"、"五通一平"、"七通一平"（泛指通路、通水、通电、通燃气、通信、通航、通排污和平整土地）等基础设施建设，即所谓狭义的举办外商投资企业的基础条件，亦称"硬环境"。其后，又将投资环境的构成因素视为建设基础设施与制定、颁布各种具有优惠政策性质的涉外经济法规（如中外合资经营企业法、中外合资经营企业所得税法、外国企业所得税法等）的相加。然后又在上述因素的基础上又增加了以政治经济文化条件组成的各种"软环境"、"小气候"等内容，即形成了较为广义的"吸引国际资本，满足其滋生、增殖的一切外部条件"。

投资环境的研究也随着时间的推移，形势的发展而不断变换和深入。首先，研究的角度从投资者的角度转变为从投资者和受资者两个角度进行。从仅考虑投资方的利益转向同时考虑投资与受资方利益。其次，研究对象从以微观投资环境评价为主到同时重视微观和宏观投资环境的分析。从仅考虑影响企业利润和成本的生产投入要素情况，基础设施、公共设施情况拓展到当地的经济发展水平、收入水平、产业结构、人口状况、政府的社会经济战略目标与步骤、政治体制和行政结构现状等宏观变量方面。最后，研究周期从短期投资环境转向长期投资环境。这个问题实际上是从静态地看待投资环境到动态地看待投资环境，从注重环境现状到注重其发展变化。

第二节　投资环境的分类及构成要素

一　投资环境分类

从投资的不同角度出发，投资环境可以分为不同的类型。

按投资环境的地域范围，可以划分为国家宏观投资环境和地区微观投资环境。宏观投资环境一般是指在一个相对较大地域范围内影响投资和企业生产经营活动的各种因素之和；而微观投资环境则大多是指在一个相对较小或局部地域范围内影响投资和企业生产经营活动的各种因素之和。一般情况下，宏观投资环境是由微观投资环境构成的，而微观投资环境的改善也能够促进宏观投资环境的改善。

按投资环境所包含因素的多少，可以划分为狭义投资环境和广义投资环境。狭义投资环境主要是指投资的经济环境，包括一个地域的经济发展水平、经济发展模式、基础设施状况和市场发育程度等；而广义投资环境除了包括狭义投资环境外，还包括自然条件，以及政治、法律、社会文化状况等对投资和企业生产经营活动可能发生直接或间接影响的各种其他因素。通常所说的投资环境主要是指广义投资环境。

按投资环境的表现形态，可以划分为硬投资环境和软投资环境。硬投资环境是指那些具有物质形态的各种影响投资和企业生产经营活动的因素的总和，如交通运输、邮电通信、供水、供电、供气、环保及其他社会生活服务设施等；软投资环境是指那些没有具体物质形态的各种影响投资和企业生产经营活动的因素的总和，如政策、法规、管理水平等。

按投资环境的属性，可划分为自然投资环境和人为投资环境。自然投资环境主要是指经大自然造化形成的自然地理条件，如有观赏和游玩价值的自然山水、有价值的矿产资源等；而人为投资环境则主要是指通过人类生产性、生活性活动所形成的各种环境因素。

二 投资环境的构成要素

一般来说，一个地区投资环境的构成要素可以分为：政治环境、经济环境、基础设施环境、法制环境、社会文化环境和自然地理环境六个方面。

（一）政治环境

政治环境是指由东道国（地区）的政治体制、社会结构、政局稳定性、社会安定性、国际信誉度等内容构成的政治的和社会的综合条件。这是吸引外国直接投资的必要条件和最敏感因素。因为投资者进行跨国投资，首先要考虑东道国的政局是否稳定、社会是否安定、国际信誉高低等直接关系到投资有无保障的问题。只有政局稳定、社会安定、讲求效益、致力于和平建设的国家，才能确保投资的安全，并为经营获利创造必要的前提。反之，一个政变迭起，社会动荡不止的国家，则不可能使投资得到起码的保障，也难免使投资者遭到政治风险带来的巨大损失。

（二）经济环境

经济环境是指东道国经济发展状况及趋势，经济体制及其运行，市场规模及扩大潜力和开放程度，产业结构、就业结构、消费结构及其水平，经济发展政策和措施，资源和原材料的供应情况，工业配套水平，企业生产系统及其经营成本的水平，金融信贷制度，财政税收制度，通货膨胀及汇率情况，国际收支状况，信息及社会服务水平等。由于投资者进行跨国直接投资，一般都出于开拓市场、获得廉价生产要素、提高经济效益的动机。而这些动机的实现，又直接受到构成经济环境的上述各因素的影响和制约。因此，国际投资者都十分关注东道国的经济环境。

（三）基础设施环境

基础设施环境是指外国投资者在东道国（地区）投资从事基本建设、生产经营及贸易活动中所面临的基本物质条件。可分为生产基础设施和生活基础设施两部分。生产基础设施包括交通（港口、码头、机场、铁路、公路等）、通信、供电、给排水、煤气、仓库、厂房等；生活基础设施除生产基础设施中可用于生活的部分外，还包括道路、住宅、购物场所、娱乐设施等。基础设施状况，既是物质文明和现代化程度的标志，又与生产和生活密切相关，因而是构成投资环境的必要因素，成为吸引外商投资的重要条件。

（四）法律环境

法律环境是指东道国政府为调整投资关系而制定并实施的各项与国际投资相关的法律、法规、条例以及有关政策和措施等。在范围上，它既包括东道国国内的法制建设问题，也涉及国际法规问题。在内容上，首先，它要充分体现东道国的外资政策，诸如对外商投资的范围、投资经营的期限、持股比例等实行的政策，以及对土地租用、税收、产品销售、资本和利润汇出或再投资等所提供的优惠规定；要明确对外资的管理程序，主要包括对外商投资的管理体制、机构设置和审批程序等。所有这些，对于外商的投资和经营活动能否顺利进行，能否达到预期的获利目标，具有至关重要的意义，因而是构成投资环境的一个必要因素。

（五）社会文化环境

社会文化环境是指东道国（地区）影响和制约投资和经营活动的各

种社会文化因素的总称。它的内容比较广泛，主要包括民族语言、文字、宗教信仰、风俗习惯、文化传统、价值观念、道德准则、教育水平及人口素质等。这些对于外来投资者的行为和生产经营管理活动的顺利进行具有不可忽视的意义，是东道国（地区）投资软环境中的重要组成因素，也是投资环境整体中不可或缺的内容。因而，如何不断改进社会文化环境，是很多国家尤其是发展中国家亟待解决的一个基本问题。

（六）自然地理环境

自然地理环境是指东道国（地区）的地理位置、气候条件、地质水文自然资源情况以及环境保护情况等的总体。它的状况对一定的投资项目起着决定作用。不同性质的投资项目所要求的自然地理条件不一。外国投资者在其他投资环境较好的情况下，必然要选择与自己投资项目相宜的自然地理环境。因此，为了扩大吸引外资的范围与规模，在科学技术和生产力发展水平允许的限度内，应努力加强对自然地理环境的利用和改造。

第三节　国内外投资环境的基础理论及评价方法

一　基础理论

投资环境研究的基本理论和方法存在于国际贸易、国际投资理论、区位论、区域经济理论以及可持续发展理论等古典经济学、现代经济学理论中，并作为区域经济学的分支学科逐步发展起来。

国外对投资环境的研究主要集中在应用评价方面，根据研究侧重点可以划分为三个阶段。第一阶段是 20 世纪 60 年代到 80 年代初。少数发达国家从投资角度开始对发展中国家的投资环境进行评价，研究方法较简单，主观性强。主要有"冷热国比较法"和"等级尺度法"。第二阶段是 20 世纪 80 年代。这一阶段是东道国地区也开始加强投资环境的研究，发展中国家掀起了大规模的研究热潮，各种评估机构纷纷成立，研究方法也逐步定量化和科学化。第三阶段是 20 世纪 90 年代以来。这一阶段的研究主要涉及以下领域：（1）投资与投资环境的关系；（2）投资环境与产业发展的关系；（3）投资效益与区域投资模型。

国内的研究起步较晚，大多数成果在1993年以后面世，代表性的有王慧炯编著的《中国的投资环境》，对投资环境概念及中国投资环境进行了初步探索。较系统的有张敦富的《中国投资环境》一书。其他的研究集中在投资理论的提出和奠基、区域和城市投资环境评价、投资环境评价理论与方法、产业投资环境、投资环境学理论体系的建设几个方面。以下择其有关理论加以介绍。

（一）仿真国际投资环境理论①

"仿真"国际投资环境就是要模仿国际上最先进的投资环境进行本地区投资环境的建设，至少在综合条件上不亚于投资环境好的地区。这种改造和优化投资环境的方式是在中国东部发达地区改革开放之后摸索总结出来的。该理论强调在少数地区率先改革，改善投资环境，使本地区吸引大量投资，率先发展起来。无论改革还是开发，都必须在少数地区首先推行，而特区、西部地区就具备这样的条件。

（二）低门槛理论

低门槛理论源于波兰城市经济学家马烈士，他提出了城市发展的限制条件：城市所处的地理环境，工程管网铺设技术，已经形成的地域结构。当这些限制条件达到饱和，即城市环境容量达到极限时，再在城区进行建设就已经不太可能，这样就需要新的投资来开辟新市区进行基础设施建设。那么这个投资额度就是城市进一步发展的门槛，当城市越过了这道门槛，发展就会比较快。低门槛理论的基本观点是：地区投资环境中存在着给投资者快速有效的投资带来困难和障碍的门槛，如果门槛太高，投资者不愿意进入，或者进入则需要付出较高的成本。因此，要实现比较顺畅的吸引资金，就必须要降低自家的门槛，把影响投资者获利的各种成本因素尽可能的降下来，积极主动地改善环境，达到降低门槛、吸引投资的目的。该理论体现了区域长远发展、持续开放、主动加入国际化潮流的眼界。

---

① 潘霞：《基于招商引资的区域投资环境评价研究》，《哈尔滨工业大学学报》2007年第6期。

（三）综合投资环境理论

中国从 20 世纪 90 年代开始，类似综合投资环境的提法已经陆续出现。投资环境综合理论认为，投资环境是一个综合复杂的系统，不是单一的某一方面，是受到多种因素影响并有多种要素组成的综合体。投资环境不仅包括经济、社会诸领域有诸多影响的投资环境因素。精神文明、文化、地理位置、自然资源，等等，都是投资环境的一部分。要改善投资环境，不能只从某一个方面考虑，而是要综合考虑组成投资环境的各个要素。

（四）投资发展周期理论

投资发展周期论是邓宁于 20 世纪 80 年代初提出来的，旨在从动态角度解释各国在国际直接投资中的地位，进一步发展和完善了国际生产折中理论。邓宁将对外直接投资的决定因素与各国经济发展的阶段和结构联系起来考察，分析了各国国际生产或对外直接投资的动态性质，指出各种优势的动态结合必将引起该国在国际直接投资格局中的战略地位发生变化，从而提出了"投资—发展周期模式"概念。邓宁认为，一国的对外净直接投资地位与其经济发展水平存在密切的正相关关系，一国的经济发展水平用人均国民生产总值来衡量。因此，投资发展周期理论的具体内容就是：随着一国经济的发展及人均国民生产总值的提高，该国的净对外直接投资呈现出周期性规律。周期论给发展中国家的启示：经济水平落后的国家虽然在投资发展的第一阶段资金和技术都十分短缺，既无资金流入也无资金流出；但是经过大量吸收外国直接投资并加以利用和消化后，就可以进入以吸收外国直接投资为主的第二阶段；随后在资金、技术积累到一定程度后，便可以进入吸收外国直接投资和对外直接投资并重的第三阶段。新兴工业化国家和地区的兴起就是极好的证明，它们由投资发展第二阶段进入第三阶段大概需要 20—30 年的时间。

（五）区位理论

现代区位理论是多种经济因素和非经济因素的综合分析，包括空间经济的演变过程和规律，空间经济结构的功能，空间经济的相互作用及空间经济的行为和动力机制，空间经济的运行机制。该理论认为，在一般经济活动的区域分析中，每个主体必须考虑两种区位：绝对区位和相对区位。绝对区位是参照某种标准体系而分离的，相对区位则是各个区位间连接程度和通达性的度量，区位的优劣是随时间而不断发生变化的。相对区位的意义在进行经济活动的区位分析时显得更为重要。可以说，一个地区的自然禀赋是该地区绝对区位的一种特征，而对自然禀赋的利用则是相对区位的范畴，因此地区的发展潜力在很大程度上取决于相对区位。

二 投资环境评价方法[①]

投资环境系统的质量关系到投资方的回报和受资方的经济发展，所以按照一定的原则，选取一定的指标，运用某种方法对其进行评价。一般采用定性和定量相结合的方法。这里先介绍一般的方法，包括定性与定量的方法，再简单介绍现有文献鲜见和实践工作中运用较少的一些方法。

（一）投资环境评价的定性评价方法

定性的分析方法一般采用以综合、分析、归纳、推理方式为主的描述方法，这种方法以自然描述语言为主，没有复杂的数学模型和烦琐的计算。主要有以下一些。

1. 等级尺度法。这种方法是美国学者罗伯特·斯托伯于 1969 年提出的，也是目前国际上流行的一种目标市场分析法。它从受资国对外商投资的限制和鼓励政策出发，将影响投资环境的因素分为抽回资本和红利的限制、外商股权的限制、外国企业与本国企业的差别待遇、货币是否可以自由兑换及其稳定性、政治稳定性、关税政策、当地资本供应能力、近 5 年的通货膨胀水平等八大类进行评价，总分定为 100 分，分值越高投资环境越好。等级尺度法通过评分使投资环境的某些主要因素数量化，避免了单纯的定性分析所导致的模糊概念，并且根据各因素在投资环境中的作用大小来确定不同的分数，也比较符合客观实际。然而，等级尺度法对各因素的评分标准带有较高主观因素，且只考虑直接与投资企业在生产、经营中有关的因素，不包括外部因素。此外，今天采用等级尺度法来评估投资环境，有必要对原方法中所设置的指标及规定的重要程度做某些调整。

2. 冷热分析法。这种方法是美国学者依西阿·利特法克和彼德·班廷在 20 世纪 60 年代后期提出的，他们把投资环境分为政治稳定性、市场机会、经济成长和成就、文化一元化、法令障碍、实质阻碍以及地理与文

---

① 李光：《中部地区投资环境比较研究》，硕士学位论文，南昌大学，2007 年。

化差距7大因素，并将这些环境因素由热至冷依次排列，当这些因素处于有利于投资和获取利润的状况时，称之为热因素；反之称为冷因素；处于中性影响地位的则称为温因素。

在这7大因素中，以冷热因素所占的比重大小，来决定一国在投资环境方面是冷国还是热国。冷热法没有考察直接影响企业经营成本与效率的内部因素，如劳动力素质、工资水平、原材料价格等，同时若干因素的判断过于简单，且带有较强主观随意性。

3. 道氏评估法。该方法是由美国道氏公司在进行海外投资时提出的（T. S. 斯文蒂曼，1985）。道氏公司认为它在国外投资的风险为两类：一类是"正常的企业风险"；另一类是"竞争风险"。前者是由企业正常经营条件变化所引起的，它存在于任何基本稳定的企业环境中，是由市场经济的内在本质所决定的；后者主要指引起这些条件变化的原因，即使企业环境本身发生变化的政治、经济和各种社会因素，这些因素对企业来讲是不确定的，不能为企业所左右。道氏公司根据这两类风险把影响企业投资环境的各个因素划分成企业从事生产经营的业务条件及引起这些条件变化的原因两部分。每部分各包含有40项因素，通过因素分析找到关键因素并对投资环境进行预测，分析以7年为期。提出"最可能"、"乐观"、"悲观"和"遭难"四套方案。

4. 千分制评分法。印度商业出口加工区管理局在评价投资环境时，将投资环境划分为10类因素，包括免税期、投资补助金、资本利润的汇回、工人技术培训补助金、有无标准厂房和生活基础设施、出口加工区的地理位置、劳动力情况、运输费用、管理部门工作效率等。对这些因素按千分制打分，积分在600分以上为好，400分以下为较差。此方法主要考虑直接与投资企业在生产、经营中有关的因素，不包括外部因素，不具有一般性并且由于指标较少不利于对投资环境进行全面的了解，没有考虑指标权重。

5. 抽样评价法。它运用抽样调查的方法，随机地抽取或选定若干不同类型的外商投资企业，由调查者列出有关的投资环境的评价因素，如政策、法律、税收、劳动生产率等，再由这些企业主管人员对东道国的投资环境因素进行评价，然后将结果汇总。它没有确定的指标体系，但遵循的思想是因素分析。

6. 多因素评估法和关键因素评估法。这是香港中文大学教授闵建蜀于 1987 年在研究投资环境时提出的。多因素评估法把投资环境因素分为政治、经济、财务、市场、基础设施、技术、辅助工业、法律、行政机构效率、文化、竞争 11 类，每类因素又分为子项，评价时按 5 级打分，关键因素评估法是找出影响投资动机的关键因素，并采用多因素评估法对这些因素进行评分，但是没有考虑东道国吸引外资的目的。

7. 准数分析法。这种方法是由我国学者林应桐于 1993 年提出的，他找出影响投资环境的相关因子：投资环境激励系数 K，城市规划完善因子 P，税利因子 S，劳动生产率因子 L，地区基础因子 B，汇率因子 T，市场因子 M，管理权因子 F，并把每一类因子分成若干子因子，再对子因子进行类似于多因素评估法的加权评分，求和得到该类因子的总分。为了反映各因子处于一个系统之中的有机联系，提出了投资环境准数的概念。投资环境准数 $N = KBST (P + L + M + F)$。N 值越高，说明投资环境越好，侧重于投资环境的外部因素。

8. 投资障碍分析法。投资障碍分析法依据潜在的阻碍国际投资运行因素的多寡与程度来评价投资环境优劣的一种方法，简便易行，但是，有时具有片面性。其阻碍因素可以分为 10 大类。

9. 体制评估法。由香港中文大学闵建蜀于 1987 年提出，其基本思想是投资环境好坏与政治、经济和司法体制是否健全密切相关。他提出了对稳定性、灵活性、经济性、公开性和安全性 5 条标准进行评估。

10. 系统评估法。由池长贵提出，选取 5 个投资环境衡量指标，即流通性、安全性、成长性、优惠性和收益性。用这些指标将投资环境分为 8 大类，评价时用上述 5 项指标与 8 大类投资环境对比，然后可划入相应类别。

11. 详尽分析法。在全面调查的基础上，以出版投资指南的方式详尽介绍东道国的投资环境的各方面情况，主要包括自然环境地理、各种自然资源、政治文化背景、政府的组织结构与职能、交通通信设施、税收、审计、劳动等相关法规。

12. 投资环境地图法。由赵映冈于 1994 年提出，用地图来进行投资环境评价，包括立足于投资环境因素的投资环境地图与立足于投资环境评价结果的投资环境地图两种形式。

以上的分析方法主要是从受资国或者说东道国的角度来考察的，较少考虑投资国的要求和期望，其中的权重赋值也有值得商讨的地方，这样的投资评价往往是从某个时期来说，没有从动态方面考虑投资环境，投资评价注重总量效果而没有考虑到结构效果，也没有考虑到国家内或区域内更小区域的投资环境差异，最后就是都没有量化。

（二）投资环境的定量分析

1. 参数分析法，又称相似度法。该方法选用一组反映地区投资环境全貌的参数，并计算出各参数的数值，然后选取世界上公认的投资环境好的地区的同类指标与之比较，求出两者的相似度，相似则说明投资环境好。这些参数指标有：投资系数、投资乘数、边际耗费倾向、投资饱和度、基础设施适应度、投资风险度、有效需求率、国民消费水平、资源增值率和优化商品率等。此方法具有综合性和客观性的特点，但是参照样本"公认的投资环境好的地区"则概念模糊，不易选取。

2. 聚类模型。聚类分析法是用多元统计的方法定量地分析样本的亲疏关系，从而客观地分型划类，其具体方法还有系统聚类法、调优法、图论聚类、模糊分类等。由于投资环境在很多情况下，都具有模糊性，所以用模糊数学的方法。

3. 层次分析法。层次分析法（AHP）是由美国运筹学家萨提（T. L. Satty）提出来的。这是层次分析法（AHP）在研究投资环境时的一种应用，是系统工程中对专家的主观性判断做客观性描述的一种有效方法，特别适合于投资环境这个多因素、多层次的动态系统中各因素权重的确定。具体步骤是：（1）根据投资动机找出影响投资环境的主要因素，建立目标、因素和因子层次结构，形成指标体系；（2）构造判断矩阵，进行层次单排序，检验判断矩阵的一致性，再进行层次总排序，确定各因子的权重；（3）对各指标打分，计算出评价值。

层次分析法既融合了专家评价的权威性，又不失定量化的精确性，并以大t的基础统计数据作为支持的系统计量评价方法，更具严谨性和科学性，在投资环境研究中得到了广泛运用。但是，它对不同因素的权重常常使用主观评分的方法。这不可避免地增加了指数的随意性，减少了客观性。

4. 因子分析法和主成分分析法。因子分析法的中心就是要从有关指标交互相关的数据中，找出其中潜藏着起决定作用的若干基本因子，从而得到对事物更深刻的认识，克服其他客观赋权法不分主次的缺陷。因子分析法的主要内容是对指标的相关矩阵通过一系列数学处理，得到一个较易提示事物内部联系的因子负荷矩阵，确定主体的因子模型，即几个主因子，然后根据几个主因子进行处理，计算得分总值，再进行综合评价。在因子分析法中，指标变化尺度一致，消除了指标分布不同、数值本身差异带来的不可比弊病。在实际评价中，只选取前几个方差大的综合因子，而略去那些方差小的综合因子，这样既减少了指标数目，简化了各指标间的关系，又抓住了主要因素，最大程度上反映了评价对象的全面情况。主成分分析法与此思路一致。本书选用的就是这种评价方法进行评价分析。

5. 成本分析法。该法是西方常用的方法，这一方法把投资环境的因素均折合成数字作为成本的构成，然后得出是否适合于投资的决策。英国经济学家拉格曼做过深入研究，提出了"拉格曼公式"。通过比较后，在选择出口、转让许可证及建立子公司之间做出选择。

6. 满意度评价模型。满意度评价模型是针对某一目标的满意程度，按照评价指标体系的递阶层次关系，先就最低层次下的各单因素的满意度进行评价，再综合成上一层次的满意度进行评价，直到最顶层形成一个满意度指标。

7. 中国综合指标评分法。该法从中国实际情况出发，结合国际惯例，设置了资源状况、基础设施状况、利用外资政策状况、法律环境情况、经济发展水平与经济结构、市场发育程度、物价波动幅度、政府行政效率、劳动者素质与劳务成本、第三产业发展状况 10 项指标加权。

8. 投资环境熟化度分析法。将系统论中的熵理论引入到城市投资环境评价中来，建立了城市投资环境熵的概念，提出了熟化度和熟化率两个指标，并由此划分投资城市为增长熟化型、稳定熟化型、发展熟化型和潜力熟化型四类。

9. 带信任度的德菲尔分析法。该方法主要用于获取不同指标的相对权重，定性指标的量化工作，其基本思想是专家打分法，在考虑专家意见时，附加专家的信任度这一指标。

10. 灰色对比法。该法主要用于我国开发区的投资环境评价，该方法设置了地理位置、基础设施、工业基础和资源保障、政治因素、文化因素、法律因素、政策优惠、社会服务、市场条件、劳动力素质和行政管理等指标构成指标体系。

11. 灰色预测模型。灰色预测法以时间为自变量，要素为因变量，通过累加生成，建立 G（1，1），或 G（1，N）预测模型，对时序数列进行处理和预测。

（三）其他评价方法

1. 雷达图分析法。投资环境雷达图法，以其形似雷达指引方向而得名。雷达图分析法是我国天津的学者们在研究天津高新技术开发区的投资环境过程中，从日本企业管理理论中借鉴过来的，并运用于一国或地区投资环境类型分析的。

雷达图的编制方法是：先画三个同心圆，把圆周均等分为 5 个区域，分别代表投资环境的流动性、安全性、成长性、优惠性和收益性。同心圆中最小的环代表各国家或地区投资环境平均水平的 1/2 值或很差的情况。中间的环代表平均水平或特定的比较对象（参照投资环境）的水平，称为标准线。最大的环代表平均水平的 1.5 倍值或最佳状态。在每个区内画出相应的放射线，分别代表每个特征的运行状态。在每个放射线上分别标出待评估投资环境的运行水平点，把这些点连成一个无规则的闭环，即可清楚地反映出投资环境的真实运行状态，并便于和标准投资环境进行分析和对比。

2. 软硬环境法。该方法是指把投资环境分为硬件投资环境和软件投资环境。硬件投资环境指地理条件、交通、能源、基础设施、经济基础等，软件环境指行政管理效率、政策、经济实力、法规、社会文化状况等。然后对各方面进行比较研究。从本质上讲，软硬环境法是一种定性分析法，只是在建立评价指标体系时，对整个指体系做了简要的划分，其划分的依据在于以下认识：硬件环境在短期内发生较大变动的可能性较小，而改善软件环境相对来说要容易些。因此，可以从比较容易变化的软环境入手，以后逐步改善不易变化的硬环境。

3. 地理信息系统方法。这种方法是把投资环境评价系统作为地理信息系统的一个子系统，通过选择指标，确定模型和计算机模拟，形成对投资环境的分析与评价结果。地理信息系统具有强大的空间和属性分析能力，具有定量、快速、易更新及系统分析的特点，非常适于投资环境这一复杂现象的研究。它通过评价指标体系的选择及量化,投资区评价单元的划分,建立城市或区域投资环境信息系统,最终实现投资环境研究工作的科学化、现代化和自动化。GIS 技术使投资环境的实践研究更具应用价值,尽管投资环境信息系统还有待完善,但可以预言,它是投资环境评价研究的未来方向。

4. F—M 矩阵评估模型。该模型由美国印第安纳大学的法默(R. N. Farmer)教授与阿尔尼亚大学的里奇曼(B. M. Richman)教授共同创立。该方法将计量方法首次引入了评价中,它将企业经营过程分为 10 个关键因素的组合,将环境因素分为国内因素与国外因素。国内因素包含 4 类主项和 29 个子项;国际因素包含 3 类主项和 21 个子项。

5. 三菱投资环境评估模型。这是日本三菱综合研究所在 1974 年对欧洲做投资分析时发明并采用的。该方法简明,但要根据具体的产业和产品做相对数调整。首先将环境因素分为经济活动水准、地理条件、劳动条件及奖励制度四大类,然后赋以权重,最后计算得出各国投资环境的优劣顺序。

（四）实践中较少运用的方法

以上方法的大部分在实践中证明是有效的方法。近年来,随着计算机的普及,新的评价方法层出不穷。以下简要地介绍一些。

1. 数据包络分析（DEA）。数据包络分析是由美国运筹学家查尼斯（A. Charnes）、库珀（W. W. Copper）、罗兹（E. Rhodes）等于 1978 年提出的一种方法,根据多目标投入及多目标产出对同类型决策单位（Decision Making Units,DMU）进行相对有效性和多目标决策的一种方法。

2. 多目标多层次模糊综合评价方法。投资环境属于复杂系统,且具有变量众多、机制复杂、结构层次难以界定,不确定因素作用显著,每一个评价对象（区域）的影响因素众多,而且一个因素还有多个层次,所以采用多层次模糊评价模型。

3. 神经网络评价模型。传统的某些评价模型,主要是定性分析带有主观性强的特点,而定量分析中,一般假定投资环境与影响因素之间存在线性关系,而实践上未必如此,所以采用了神经网络理论评价方法。

4. 投资环境对象性评价。投资环境对象性评价模型是指针对不同投资主体的要求、或针对受资国的某一区域,进行有针对性的评价。主要是满足投资环境决策者决策可操作性的需要。

第二章　江西省投资环境的纵向
分析(2000—2006)

资本在经济发展中历来扮演着十分重要的作用。当今世界,谁能争得更多国际资本,谁就能获得经济发展的主动权,就会获得更多的发展机会。发展经济学的著名学者、美国经济学家钱纳里指出,发展中国家之所以处于落后状况,其根源在于缺乏建设资本,即缺乏国内储蓄和外汇,也就是存在"两缺口",而解决"两缺口"的有效办法就是大力引进外资。对于地处中部的江西省而言,不仅要吸引国外资本,更为重要的可能是沿海发达地区的国内资本。而要使外部资本更多地导入本地区,建设一个优越的、富有竞争力的投资环境则势在必行。投资环境在市场经济日益发展成熟的今天,与区域经济发展的快慢、区域竞争力的提高、区域经济的可持续发展的关系越来越密切,越来越成为各级政府关注的焦点。

第一节　评价方法的构建

江西省委、省政府面对经济区域发展中的"东西夹击"态势,响亮地提出了实现江西省在中部地区崛起的奋斗目标。为了实现目标,省委在十届十三次全会上做了一个决定:大开放是江西省经济发展的主战略,工业化是江西省经济发展的战略核心。为了贯彻战略方针的实施,省委、省政府向来注重对投资环境的改善与优化,那么21世纪以来我们的投资环境是否有所改变呢?为了系统、精确地分析江西省的投资环境在21世纪以来的变化,特设计了江西省投资环境指标体系,并运用层次分析法

（AHP 法）进行分析计算。

一 江西省投资环境指标体系的确立

投资环境指标体系是投资环境评价系统的重要组成部分，所建立的指标体系是我们怎样去评价和判断投资环境对象的框架性标准。在这个框架中它是评价操作过程中要对投资环境评价对象进行考察的依据。从理论上讲，凡是影响江西省经济与社会活动的因素都是影响江西省投资环境的因素，例如，资源禀赋、区位条件、经济增长、社会环境、文化传统、法律制度等。我们不能说上述某个因素是否影响江西省的综合投资环境，只能说它对江西省综合投资环境的贡献有多大。为了客观评价江西省投资环境在本世纪以来的变化，我们遵循系统性、针对性和启示性、监测预警性、国际惯例性、可操作性与直观性，以及数据的可获取性、时效性和公正性等原则，并采用统计取舍法结合满意度法来选取和构建了江西省投资环境指标体系（见表 2 - 1），并通过搜寻 2001—2007 年的《江西省统计年鉴》找寻我们需要的数据（见表 2 - 2）。

二 投资环境评价方法的确立

投资环境的评价方法有很多，如前所述，既有简单的等级评估方法，也有较为复杂的投入产出法、系统动力法，等等。本着定性与定量相结合的原则，本书拟采用层次分析法。层次分析法（即 AHP 法）是美国运筹学家萨提于 20 世纪 70 年代提出的一种定量与定性相结合的多目标决策方法。这一方法的核心是将决策者的经验判断给以量化，从而为决策者提供定量形式的决策依据。AHP 法解决问题的思路，比较符合本书的分析方法。所以，本书用 AHP 法将上述指标对投资环境的贡献大小进行打分量化，分配权重，然后乘以各指标的得分，按分值大小分析江西省投资环境的变化。

（一）评判标准量化原则

对目标树同层次的各项指标按其在江西省投资环境中的重要性和不重要性程度比较并按以下标准打分（见表 2 - 3）。

根据各基准的重要程度，对指标进行两两比较和分析判断，从而构建出判断矩阵 A。矩阵用以表示同一层次各指标的相对重要性的判断值。矩阵 A 中元素 a_{ij} 表示 i 行指标中，C_i 与 j 列指 C_j 的相对重要性的两两比较值。

表 2-1   江西省投资环境评价指标体系

目标层	准则层	指标层	操作数据
区域投资环境评价指数	自然环境（0.17）	自然环境（1.00）	市区绿化覆盖率（0.50）X_1
			人均园林绿地面积（0.50）X_2
	经济发展水平（0.33）	城市发育（0.13）	城市化水平（1.00）X_3
		经济效益市场水平（0.21）	人均GDP（0.16）X_4
			GDP年增长率（0.16）X_5
			人均财政收入（0.16）X_6
			人均固定资产投资额（0.16）X_7
			职工平均工资（0.20）X_8
			年末人均城乡居民储蓄额（0.16）X_9
		经济规模（0.15）	年工业总产值（0.50）X_{10}
			社会商品零售总额（0.50）X_{11}
		产业结构（0.16）	第二产业比重（0.5）X_{12}
			第三产业比重（0.5）X_{13}
		经济开放程度（0.17）	外贸依存度（0.5）X_{14}
			实际利用外资额（0.5）X_{15}
		金融环境（0.18）	年末各项金融机构贷款余额（0.30）X_{16}
			年末各项金融机构借款余额（0.40）X_{17}
			金融业从业人员（0.30）X_{18}
	基础设施（0.28）	生活设施（0.20）	人均铺装道路面积（0.20）X_{19}
			工业废水处理率（0.20）X_{20}
			人均居住面积（0.20）X_{21}
			人均供水量（0.20）X_{22}
			人均供电量（0.20）X_{23}
		交通设施（0.45）	公路里程数（0.25）X_{24}
			铁路营运里程数（0.25）X_{25}
			年客运总量（0.25）X_{26}
			年货运总量（0.25）X_{27}
		邮电通信（0.35）	百人拥有电话数（0.50）X_{28}
			人均邮电业务总量（0.50）X_{29}
	社会服务环境（0.22）	社会稳定（0.17）	就业率（1.00）X_{30}
		商旅条件（0.27）	万人拥有商服人员数（1.00）X_{31}
		医疗卫生（0.23）	万人拥有医生数（1.00）X_{32}

续表

目标层	准则层	指标层	操作数据
区域投资环境评价指数	社会服务环境（0.22）	科教发展程度（0.33）	每十万人高校在校学生数（0.40）X_{33} 人均教育经费（0.30）X_{34} 万人专业技术人员数（0.30）X_{35}

表 2－2　　　　江西省投资环境指标体系数据

指标	2000 年	2001 年	2002 年	2003 年	2004 年	2005 年	2006 年
市区绿化覆盖率（％）	23.48	27.29	28.5	30.21	31.01	32.80	34.56
人均园林绿地面积（平方米）	4.02	4.04	4.8	5.1	5.46	5.84	8.05
工业废水处理率（％）	15	16	17.67	21.46	24.19	34.92	34.93
人均铺装道路面积（平方米）	6.6	5.75	7	8.15	8.76	9.26	10
人均居住面积（平方米）	20.86	21	21.44	27.53	28.46	30.96	32.51
人均供电量（千瓦小时）	563.69	503.9	583.93	704.08	908.59	960.23	1000
人均供水量（立方米）	524.62	503.9	479.08	476	475.11	482.58	473.99
公路里程数（公里）	60292	60314	60696	61233	61860	62300	128234
铁路营运里程数（公里）	2197	2197	2208	2208	2274	2307	2307
年客运总量（万人）	35821	36376	38397	37278	39659	41722	43239
年货运总量（万吨）	23601	24523	25641	27242	31139	33270	36759

续表

指标	2000 年	2001 年	2002 年	2003 年	2004 年	2005 年	2006 年
百户拥有电话数（台）	7.9	24.78	31.84	48.4	62.96	100.54	112.63
人均邮电业务总量（元）	196	210.71	284.48	333.2	475	601.78	733.51
城市化水平（%）	27.69	30.41	32.2	34.02	35.58	37.1	38.68
人均 GDP（元）	4851	5221	5829	6624	8097	9440	10798
GDP 年增长率（%）	8	8.8	10.5	13	13.2	12.8	12.3
人均财政收入（元）	416	480	558	674	822	991	1199
人均固定资产投资额（元）	1321.43	1577.95	2189.74	3243.76	4248	5317.6	6189.2
职工平均工资（元）	7014	8026	9262	10521	11860	13688	15590
年末城乡居民人均储蓄额(元)	2997	3430	4059	4738	5500	6385	7263
年工业总产值（万元）	15586734	10160151	11887991	14723335	22119792	29788803	42454878
社会商品零售总额（万元）	7048677	7633414	8327099	9232088	10744928	12361674	14280151
第二产业比重（%）	35	36.2	38.8	43.4	45.6	47.3	49.7
第三产业比重（%）	40.8	40.5	39.3	36.8	34	34.8	33.5
外贸进出口总额（万元）	1344664	1267519	1402687	2092670	2923218	3338761	4948598
实际利用外资额（万美元）	22724	39575	108725	161234	205238	242258	280657

续表

指标	2000 年	2001 年	2002 年	2003 年	2004 年	2005 年	2006 年
金融保险业从业人员（万人）	8.7	9.3	8.5	8.6	8.9	8.68	8.82
年末各项金融机构贷款余额（万元）	17398653	22866463	21307631	25452760	28540198	30190027	34608033
年末各项金融机构借款余额（万元）	19667754	18809420	27073715	32395785	37583390	44454486	52137571
就业率（%）	71.1	70.89	73.18	71.88	72.04	72.74	72.3
商服人员数	2.5	2.6	3	3.5	6.2	8.15	9.27
万人拥有医生数（人）	13.1	12.8	11.1	11.6	10.8	10.7	11.9
万人专业技术人员数（人）	167	166	163	157	161	161	161
人均科教事业费（元）	94.8	119.28	144.09	155.89	176.75	209.06	245.25
万人拥有高校在校学生数（人）	35.29	47.35	64.04	85.64	114.36	152.15	180.38

资料来源：根据《江西省统计年鉴》（2001—2007）相关资料整理而得。

表 2 – 3　　　　　　　　　　1—9 指数标度

重要程度	1 – 9
标度相同	1
稍微重要	3
明显重要	5
强烈重要	7
极端重要	9
根据其重要程度取值还可以取值：2、4、6、8	

（二）确定准则层目标权重

1. 根据专家调查法，构建出判断矩阵。

表 2 - 4   判断矩阵

	自然环境	经济发展水平	基础设施	社会政治与服务环境
自然环境	1	1/9	1/5	1/3
经济发展水平	9	1	5	7
基础设施	5	1/5	1	4
社会政治与服务环境	3	1/4	1/7	1

判断矩阵可简化为：

$$A = \begin{pmatrix} 1 & 1/9 & 1/5 & 1/3 \\ 9 & 1 & 5 & 7 \\ 5 & 1/5 & 1 & 4 \\ 3 & 1/4 & 1/7 & 1 \end{pmatrix}$$

采用方根法进行计算。

2. 计算判断矩阵 A 的每一行元素的和 M_i。

$M_i = \prod_{j=1}^{n} a_{ij}$ （1，2，3，…，n）$M_1 = 1 + 1/9 + 1/5 + 1/3 = 1.6444$

$M_2 = 9 + 1 + 5 + 7 = 22$

$M_3 = 5 + 1/5 + 1 + 4 = 1.7871$

$M_4 = 3 + 1/4 + 1/7 + 1 = 4.3929$

3. 求 M_i 的 n 次方根。

$\overline{W}_i = \sqrt[4]{a_{11} + a_{12} + \cdots + a_{1n}}$，$n = $（1，2，3，4）

$\overline{W}_1 = 1.1324$；$\overline{W}_2 = 2.1657$；$\overline{W}_3 = 3.7871$；$\overline{W}_4 = 1.4477$

4. 将向量（W_1，W_2，W_3，W_4，W_5）做归一化处理，即求得各指标矢量 B_i。

$\sum_{i=1}^{4} \overline{W}_i = 6.5329$

$B_1 = 1.1324/6.5329 = 0.17$

$B_2 = 2.1657/6.5329 = 0.33$

$B_3 = 1.7871/6.5329 = 0.28$

$B_4 = 1.4477/6.5329 = 0.22$

有：$B_1 + B_2 + B_3 + B_4 = 1$，$(W_1, W_2, W_3, W_4, W_5)^T$ 即为所求的特征向量。

计算结果表明，各指标相对重要性的权重系数符合同一层次指标值赋权的规范和要求。

（三）确定组合权数

以同样方法确定指标层、操作方案层的目标权重，这里就不再赘述。最后得出整个指标体系的权重（见表 2 - 1 中括号内的数值即为所计算的权重）。

（四）指标数据的无量纲化处理

由于不同的指标比较的量度不同，因此在进行综合计算前必须对指标数据进行无量纲化处理。

对于无量纲化处理，在目前的各种文献中，常见的有极差正规化法、标准化法和功效系数法等几种不同的方法。目前最普遍使用的无量纲化方法是标准化法，然而这时在消除量纲与数量级影响的同时，也消除了各指标变异程度的差异信息。一般来说，原始数据中所包含各指标变异程度的差异信息和各指标间互相影响的相关信息，它们分别由各指标的方差大小和相关系数矩阵来反映。

因为标准化使各指标的方差变成1，消除了各指标变异程度上的差异，所以从标准化的数据计算，实际上只包含了各指标间相互影响的信息。从而它不能准确反映原始数据所包含的全部信息。故必须改进原始数据的无量纲化方法。均值化方法就是其中的一种。

我们采用均值方法，即对数据进行无量纲化计算公式为：

$y_{ij} = \dfrac{x_{ij}}{\bar{x}_j}$；其中，$\bar{x}_j$ 为第 j 项指标的均值。

$$\mathrm{var}\ (y_j)\ = E[\ (y_j - 1)^2\ ] = \frac{E(x_j - \bar{x}_j)}{\bar{x}_j^2} = \frac{\mathrm{var}\ (xj)}{\bar{x}_j^2} = \left(\frac{\sigma_j}{\bar{x}_j}\right)$$

均值化后各指标的均值为 1；均值化后各指标的方差是各指标的变异系数的平方，它反映各指标变异程度上的差别；均值化后不改变指标间的相关系数。从这些结论我们得出均值化处理后的数据不仅消除了指标量纲与数量级的影响，也能包含原始数据的全部信息，尤其包含各指标变异程度的差异信息。这样从理论上表明，做综合评价时，原始数据无量纲采用均值化比采用标准化可能要好。操作方案层的指标进行无量纲化处理后见表 2 – 5。

表 2 – 5 江西省投资环境无量纲化后的数据

指标	2000 年	2001 年	2002 年	2003 年	2004 年	2005 年	2006 年
市区绿化覆盖率	0.7908	0.9192	0.9599	1.0175	1.0445	1.1047	1.1640
人均园林绿地面积	0.7500	0.7600	0.9000	0.9600	1.0200	1.1000	1.5100
工业废水处理率	0.6396	0.6822	0.7534	0.9150	1.0314	1.4889	1.4894
人均铺装道路面积	0.8321	0.7250	0.8826	1.0276	1.1045	1.1675	1.2608
人均居住面积	0.7990	0.8043	0.8212	1.0544	1.0901	1.1858	1.2452
人均供电量	0.7553	0.6752	0.7824	0.9434	1.2174	1.2866	1.3399
人均供水量	1.0753	1.0328	0.9819	0.9756	0.9738	0.9891	0.9715
公路里程数	0.8527	0.8530	0.8585	0.8660	0.8749	0.8811	1.8137
铁路营运里程数	0.9797	0.9797	0.9846	0.9846	1.0140	1.0287	1.0287
年客运总量	0.9202	0.9345	0.9864	0.9576	1.0188	1.0718	1.1108
年货运总量	0.8171	0.8491	0.8878	0.9432	1.0781	1.1519	1.2727
百户拥有电话数	0.1421	0.4459	0.5729	0.8708	1.1328	1.8090	2.0265
人均邮电业务总量	0.4840	0.5203	0.7025	0.8228	1.1730	1.4860	1.8113
城市化水平	0.8224	0.9032	0.9564	1.0104	1.0568	1.1019	1.1488
人均 GDP	0.6677	0.7186	0.8023	0.9117	1.1144	1.2993	1.4862
GDP 年增长率	0.7125	0.7837	0.9351	1.1578	1.1756	1.1399	1.0954
人均财政收入	0.5665	0.6537	0.7599	0.9179	1.1195	1.3496	1.6329
人均固定资产投资额	0.3840	0.4586	0.6363	0.9427	1.2345	1.5453	1.7986
职工平均工资	0.6464	0.7396	0.8535	0.9695	1.0929	1.2614	1.4367
年末城乡居民 人均储蓄额	0.6104	0.6985	0.8266	0.9649	1.1201	1.3003	1.4791
年工业总产值	0.7436	0.4847	0.5672	0.7024	1.0553	1.4212	2.0255
社会商品零售总额	0.7086	0.7674	0.8372	0.9281	1.0802	1.2428	1.4356
第二产业比重	0.8277	0.8561	0.9176	1.0264	1.0784	1.1186	1.1753
第三产业比重	1.0997	1.0916	1.0593	0.9919	0.9164	0.9380	0.9030
外贸进出口总额	0.5435	0.5123	0.5670	0.8459	1.1816	1.3495	2.0002

续表

指标	2000 年	2001 年	2002 年	2003 年	2004 年	2005 年	2006 年
实际利用外资额	0.1500	0.2612	0.7177	1.0643	1.3548	1.5992	1.8527
"三资"企业从业人员占全部从业人员比例	0.5520	0.6668	0.7037	1.3950	0.9341	1.1445	1.6039
金融保险业从业人员	0.9902	1.0585	0.9675	0.9789	1.0130	0.9880	1.0039
年末各项金融机构贷款余额	0.6752	0.8875	0.8270	0.9878	1.1077	1.1717	1.3432
年末各项金融机构借款余额	0.5931	0.5672	0.8164	0.9769	1.1334	1.3406	1.5723
就业率	0.9869	0.9840	1.0158	0.9978	1.0000	1.0097	1.0036
商服人员数	0.3727	0.4244	0.5797	0.7246	1.2919	1.6874	1.9193
万人拥有医生数	1.4979	1.4636	1.2692	1.3264	1.2349	1.2235	1.3607
万人专业技术人员数	1.0290	1.0229	1.0044	0.9674	0.9921	0.9921	0.9921
人均科教事业费	0.5795	0.7291	0.8808	0.9529	1.0805	1.2780	1.4992
万人拥有高校在校学生数	0.3637	0.4880	0.6600	0.8826	1.1786	1.5681	1.8590

（五）计算综合得分

将权重分别乘以各年无量纲化后的指标的数据进行汇总得出江西省投资环境从本世纪以来各年的综合得分，综合得分越大说明投资环境越好。

表 2 - 6 江西省投资环境综合得分表

年份	2000	2001	2002	2003	2004	2005	2006
投资环境综合得分	0.1776	0.1907	0.2084	0.2331	0.2669	0.3079	0.3604

第二节 江西省投资环境综合分析

江西省的投资环境综合得分从 2000 年 0.1776 分逐渐上升到 2006 年

的 0.3604 分，总的增长了 102%，平均每年增长了 17%（见图 2-1）。数据表明江西省的投资环境特别是硬环境在逐年优化。

综合得分

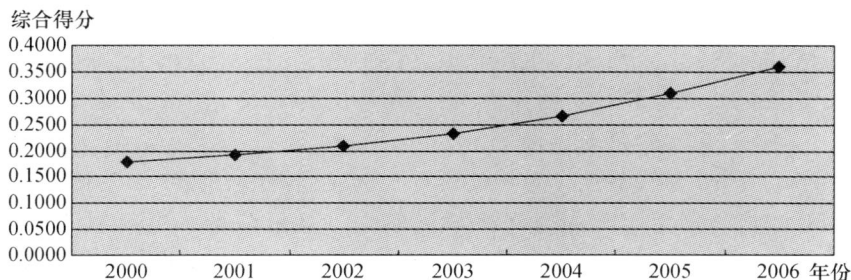

图 2-1 江西省投资环境综合得分数据

一 经济规模逐渐扩大，"二三一"的产业结构得到进一步巩固与发展

从投资环境指标体系的准则层面来逐一分析促进江西省投资环境逐年优化的主要因素。先从投资环境中权重最大的经济环境分析。江西省是中部地区六省之一，面对东西夹击的发展态势，从图 2-2 中可以看出江西省的经济环境在这一决定的贯彻实施下得到了卓有成效的改善：江西省的经济环境综合得分从 2000 年的 0.1167 增长到 2006 年的 0.2456，增长了 110.45%，平均增长了 18.40%，增速与增幅超过了整个投资环境体系的平均增速与增幅，说明经济环境的改善带动了整个投资环境的优化。

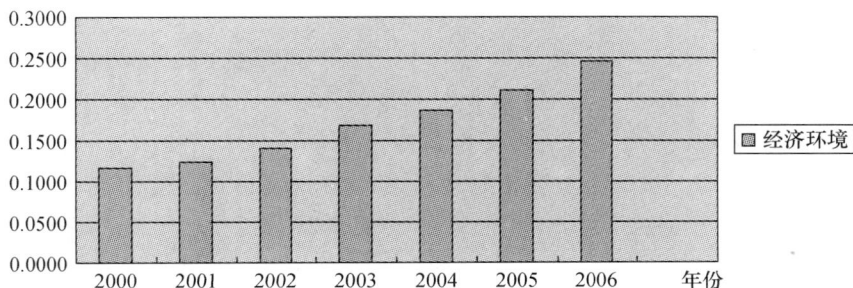

图 2-2 江西省经济环境 2000—2006 年综合得分数据

（一）经济规模在逐渐扩大

2006 年全省生产总值 4670.53 亿元，比上年增长 12.3%，连续四年实现 12% 以上的增长。其中，第一产业增加值 786.14 亿元，增长 6.5%；第二产业增加值 2320.74 亿元，增长 16.3%；第三产业增加值 1563.65 亿元，增长 9.9%。人均国内生产总值突破 1 万元，达 10798 元，比上一年增长 14.39%，比 2000 年的人均 4851 元增长了 1.22 倍。

（二）产业结构得到优化

20 世纪 90 年代后期，由于江西省工业发展滞后，传统第三产业的发展相对较快，催生出与当时经济发展水平不相适应的、早产型的"三、二、一"型产业结构。2001 年江西省第一、二、三次产业增加值比例结构为 23.3:36.1:40.6，第二产业比重在中部六省中位居最后，分别低于山西 11 个百分点、河南 9.3 个百分点。经过几年的调整，三次产业结构比例逐步优化。2005 年江西省三次产业结构比例为 17.9:47.3:34.8，第二产业占 GDP 比值指标在中部六省的排位由 2001 年的第 6 位跃升为第 3 位。第二产业比重接近 50%，使"二、三、一"结构得到进一步巩固和发展。在加快工业化和谋求经济崛起的背景下，江西省出现了工业及第二产业增加值占 GDP 比重逐年提高，而第三产业增加值比重略有下降的产业结构回归现象。当然，这并不表明江西省产业结构的退化，反而说明江西省经济正在步入加快工业化的发展轨道。工业成为推动经济快速增长的主导力量，工业增加值占生产总值的比重达到 39.1%，提高 3.2 个百分点，对经济增长的贡献达 55.4%。农业基础地位更加巩固，现代服务业进一步发展。

（三）财政收入增势强劲

财政力量强弱是促进地区经济社会发展的重要影响因素。2006 年财政总收入达 518.1 亿元，比上年增长 21.7%，已是第四年保持 20% 以上的增幅。地方财政收入达 305.3 亿元，增长 20.7%，其中增值税 41.2 亿元，增长 21.6%。人均财政收入为 1199 元，比上一年增长 21%，比 2000 年翻了两番。继 2005 年贵溪市财政总收入率先突破 10 亿元后，青山湖区、丰城市、南昌县 2006 年相继进入 10 亿元县行列。此外，西湖区、东湖区、广丰县、樟树市、德兴市、安源区 6 个县（市、区）财政总收入超 5 亿元。全省 99 个县（市、区）中财政总收入过亿元的达 94 个，比上年增加 10 个。

（四）固定资产投资总额强劲而持续增长

进入新世纪，江西省投资增长明显加速，强劲而持续的投资增长成为拉动江西省经济增长，增强发展后劲的强大动力。"十五"期间（2001—2005年）江西省全社会固定资产投资完成7078亿元，是1978—2000年21年投资总和的1.93倍，分别是"八五"和"九五"时期的7.7倍和3.2倍。五年投资平均增长速度为33.5%，高于同期全国投资平均增速10个百分点以上。其中2001年江西省全社会固定资产投资比上年增长20.5%，增长速度是全国平均水平13.05%的1.57倍。2003年，全社会固定资产投资跃上新台阶，突破千亿元大关，达1380亿元，增长49.3%，创改革开放26年以来最高。2005年全社会固定资产投资2293亿元，增长26%。2007年全社会固定资产投资额3300.1亿元，比上年增长23.0%。其中，城镇固定资产投资2950.4亿元，增长24.2%。在城镇投资中，第一产业投资24.9亿元，增长4.2%；第二产业投资1414.3亿元，增长42.8%，其中工业投资达1402.7亿元，增长42.6%；第三产业投资1511.3亿元，增长11.1%；非国有投资1908.6亿元，增长39.2%，占城镇投资的比重由上年的57.7%提高到64.7%；高新技术产业投资快速增长，完成投资155.9亿元，增长26.4%。工程建设完成投资361.0亿元，增长20.0%。其中，江铜30万吨铜冶炼、江西省蓝恒达年产10万吨离子膜烧碱、国电黄金埠电厂2台65万千瓦机组扩建工程、井冈山一号工程等13个重大项目建成投产，江西省赛维LDK扩建年产200MW多晶硅片项目、九江红鹰直升机项目、赣州出口加工区、九江至南昌城际轨道交通等20个重大项目开工建设。全年新增电力装机299万千瓦，电力装机总容量突破1000万千瓦，达1284万千瓦。固定资产投资成为支撑经济加速增长的主要力量。

固定资产投资中重大项目建设成效显著。2007全年共实施重点工程项目93项，完成投资369亿元；2008年是117项，完成投资523亿元；2009年153项，完成投资800亿元；几年间，累计完成投资1692亿元，是"十五"期间完成投资857亿元的近两倍，已建成64个重点项目。这些项目涉及交通、能源、水利、工业、农业和社会事业等各个领域，对推动全省经济社会又好又快发展、实现江西崛起新跨越发挥着越来越重要的支撑作用。

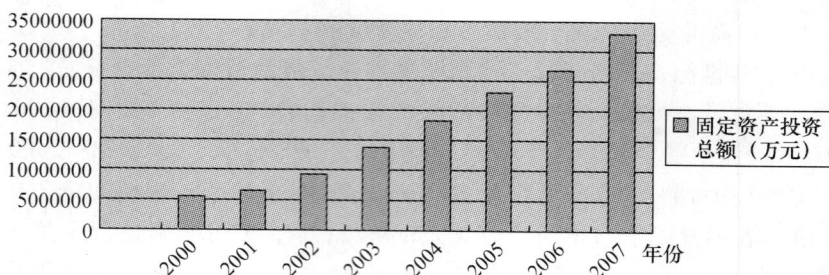

图 2 – 3　江西省 2000—2007 年固定资产投资总额情况

二　基础设施环境中交通运输能力稳步提高，邮电通信能力快速增长

江西省基础设施环境综合得分从 2000 年的 0.2519 增长到 2006 年的 0.5501，增长了 118%，平均增长了 19%。基础设施环境得分的增幅与增速分别高出整个投资环境体系得分增幅的 16% 与增速的 2%，并且高于经济环境综合得分增幅的 7.35% 与增速的 0.6%。

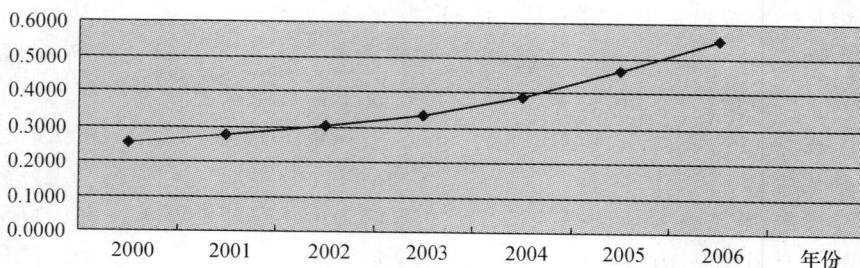

图 2 – 4　江西省 2000—2006 年基础设施环境综合得分数据

（一）交通运输能力稳步提高

2006 年全年各种运输方式完成货物周转量 935.8 亿吨公里，增长 6.1%；完成旅客周转量 652.8 亿人公里，增长 8.0%。机场旅客吞吐量 291 万人，增长 19.8%，其中昌北机场旅客吞吐量 276 万人，增长 20%。年末铁路运营里程 2307 公里，平均每日装车数为 3961 辆，比 2005 年增长 81.72%，比 2000 年增长 1.72 倍。全年完成国省道改造 897 公里，特别是农村公路的改造进程迅速加快，方便了广大农民出行，促进了农村经济发展，也是构建和谐社会的重要体现，硬化农村公路超过 1 万公里，达 12715 公里。

高速公路投资为江西省经济腾飞添翼。全省高速公路通车里程突破 2000 公里，达 2206 公里；高速公路投资建设实现历史性突破，先后建成了梨温、昌泰、泰赣、赣定、昌金、温沙、乐温高速公路。

（二）邮电通信能力不断提高

2007 年全年完成邮电业务总量 409.8 亿元，比上年增长 28.7%。其中，邮政业务量 24.3 亿元，增长 10.5%；电信业务量 385.5 亿元，增长 30.1%。年末局用电话交换机总容量达到 1205 万门，比上年末增加 27.6 万门；固定电话用户达到 884.1 万户，新增 3.7 万户。其中城市电话用户 494 万户，增加 6.1 万户，乡村电话用户 390 万户。新增移动电话用户 221 万户，年末达到 1155 万户，宽带网用户达 152.6 万户。

（三）房地产投资充满活力

据对江西省 1990—2006 年的房地产投资与生产总值的相关分析，房地产投资与生产总值之间的相关系数高达 0.94，体现出房地产业与经济较强的关联性。房地产业作为国民经济新的增长点，有效地带动了众多相关行业的发展，改善了百姓的居住条件，对创建和谐社会，拉动全省经济增长发挥了重要作用。2006 年人均居住面积为 32.51 平方米，比上年增长 5%，比 2000 年增长 55.85%。值得一提的是，2001 年房地产业首次超过金融保险业，成为在第三产业中仅次于交通通信和批发零售排名第三的行业，至 2004 年房地产业增加值已远远超过金融保险业增加值，一个个居住环境优美、配套设施齐全的优美小区映入眼帘：深圳万科、大连万达、上海绿地、福建正荣、香江商贸等众多知名房地产企业纷纷进驻江西省，为江西省房地产市场增添活力，充分显示出江西省房地产业发展的勃勃生机。

三　社会事业和服务环境中教育事业蓬勃发展，科技活动取得新进展

江西省社会事业和服务环境从 2000 年的 0.2106 增长到 2006 年的 0.3938，增长了 86.99%，平均增长了 14.50%，增幅与增速弱于整个投资环境体系综合得分的增幅与增速。但是其中还是不乏亮点。近年来，根据中央关于促进"五个统筹"、全面协调发展的要求以及江西省实施"建设和谐平安江西省，共创富民兴赣大业"的战略，江西省加大了对农林水利、公共医疗卫生、社会保障、基础教育、生态建设和环境保护等社会事业的投资力度。"十五"期间建成投产一大批社会事业项目，增强了社会发展后劲。如宜春市投资十多亿元，建设了一批体育场馆，成功地举办了第五届全国农民运动会；建设了南昌大学、江西师范大学、南昌航空大学等新校区。

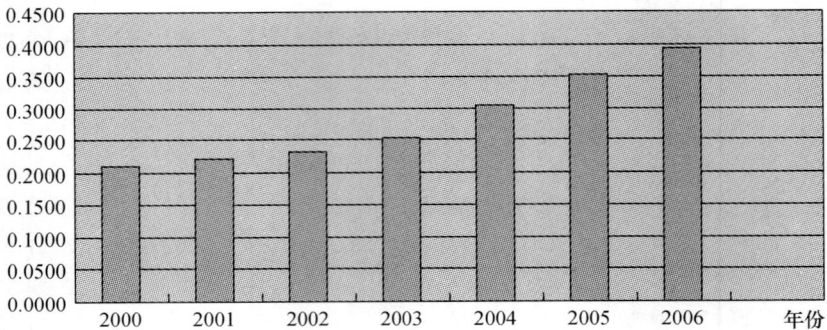

图 2－5　江西省 2000—2006 年社会服务环境综合得分数据

（一）教育事业蓬勃发展

2006 年全年研究生教育在校研究生 12149 人，比上年增长 23.2%，比 2000 年增长了 4.73 倍。普通高校在校生 77.1 万人，增长 19.3%，比 2000 年增长了 4.34 倍。高等教育毛入学率达到 21.8%，比上年提高 1.4 个百分点；普通高考录取率 59.6%。

（二）卫生事业进一步加强

2006 年年末，共有各类医疗卫生机构 10210 个（包括个体机构），其中医院、卫生院 2032 个，妇幼保健院（所、站）112 个，专科疾病防治院（所、站）108 个，疾病预防控制中心（防疫站）124 个，卫生监督检验所 88 个，医院和卫生院床位 8.16 万张。

（三）科技活动取得新进展

全年研究与实验发展（R&D）经费支出 34.8 亿元，增长 20.6%，占生产总值的 0.75%，比上年提高 0.04 个百分点。地方财政科技投入 5.7 亿元，增长 21.7%。国家级、省级重点实验室 35 家；国家工程（技术）研究中心两家，省工程（技术）研究中心 45 家；省级企业技术中心 66 家。全年共有 296 项科技成果通过了省级科技主管部门鉴定，有 4 项科技成果获国家级科学技术进步奖。2006 年全年受理专利申请 3171 件，增长 12.7%；授权专利 1536 件，增长 12.9%。全年技术市场合同成交金额 9.3 亿元，其中，技术开发合同成交额 4.0 亿元，技术转让合同成交额 2.5 亿元。

"十五"以来，江西省高新技术产业投资项目不断增加，由 2000 年的 48 个增加到 2007 年的 255 个；投资规模扩大，由 2000 年的 2.32 亿元上升到 2004 年的 37.71 亿元，扩大了 15 倍。2001—2004 年，江西省高新技术产业项目完成投资 83.50 亿元，占全社会投资的比重为 1.7%，大大高于 2000 年 0.4% 的水平，其中 2002、2003 年高新技术产业投资的增长速度分别达 100.0% 和 163.7%。高新技术产业项目的实施，带动了全省工业总体投入的增加，加快提升工业化水平，促进传统产业优化升级，为江西省一批新兴产业的形成和工业结构的优化奠定了重要的基础。2004 年全省高新技术产业单位 284 家，工业总产值达到 316.1 亿元，首次突破 300 亿元大关，比上年增长 19.1%；实现增加值 86.1 亿元，比上年增长 15.7%；对生产总值的贡献份额达到 2.5%，利润总额为 18.7 亿元。新材料、生物医药、光机电一体化是江西省高新技术产业中的优势产业，集聚程度相对而言较高。2006 年形成了以航空航天、新材料、生物医药和医疗器械、光机电一体化为支柱产业，以南昌市高新技术产业开发区为龙头的高新技术产业发展格局。

四　区位条件优越，生态环境优良

江西省的区位与自然环境的综合得分从 2000 年的 0.1310 提高到 2006 年的 0.2273，增长了 73.51%，平均增长了 12.25%。虽然从综合得分看区位与自然环境的增长是整个投资环境体系增长中最小的一个环境因素，但是相对其他地区高速工业化后的环境污染程度而言，江西省的自然环境并没有因全省工业化进程的加速而得以牺牲，相反，还有缓慢增长（见图2-6）。

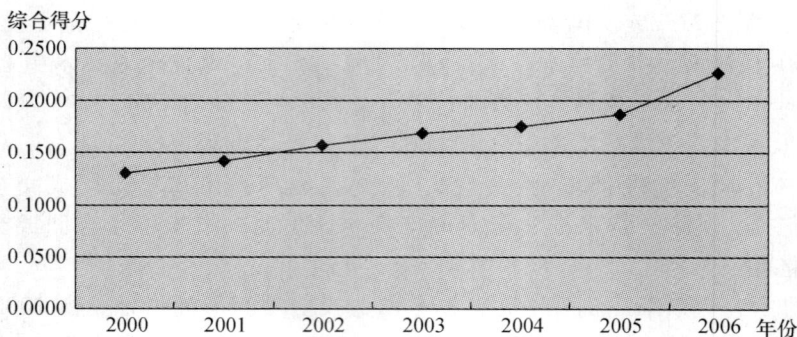

图 2-6　江西省 2000—2006 年区位与自然环境综合得分数据

江西省地处中国东南偏东部，长江中下游南岸，全省土地总面积16.69 万平方公里，占全国土地总面积的 1.74%，人口 4300 万。江西省具有独特的区位优势，它濒临中国改革开放的前沿，长江三角洲、珠江三角洲和闽南经济区是唯一能同时就近接受这三大经济区直接辐射的省份，便于接受发达地区的产业梯度转移，做沿海发达地区产业梯度转移的"接力手"，大大节省了转移成本。同时江西省劳动力丰富，劳动者素质逐渐提高，经济的迅速发展，投资环境逐年优化，江西省具有从产业梯度转移的"承接基地"转为"承接热地"的天然优势。

江西省的生态环境优良，山青水秀，森林和水资源基本完好。近年来，江西省依托生态资源，以"绿、红、古、花、景"五色为主题的旅游业方兴未艾，游客人数和旅游综合收入大幅度增长。2006 年的市区绿化覆盖率达到了 34.56%，比 2000 年提高了 47.19%，年均提高了 7.86%；人均园林绿地面积为 8.05 平方米，比 2000 年翻了一倍，年均增长 16.67%。

第三节　江西省外商直接投资数量与
结构的纵向对比分析

进入 21 世纪，江西省委提出了"对接长珠闽，融入全球化"的战略方针，在经济全球化的大潮中，江西省经济已越来越深地融入相互依赖的国际经济中，江西省经济的开放度和国际化程度也随之提高，对外贸易与外商直接投资都取得了很大的发展。

一　外商直接投资项目数逐年提高

从图 2-7 中可以看出江西省外商直接投资项目数经历了从低到高一个逐步增加趋向平稳的过程。2002 年的项目数达到了 600 个，超过了前两年的总和，跃上了一个新台阶。虽然 2005 年的项目数为 940 个，比上年减少了 24 个，下降了 2.55%，但 2006 年的外资项目数立即回升，达到 982 个项目，比上一年增长了 4.25%，比 2004 年还增长了 1.66%，比 2000 年翻了 3.6 倍。

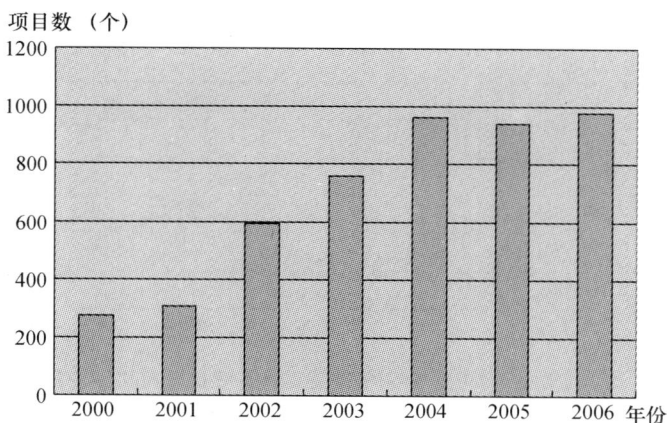

项目数　（个）

图 2-7　江西省 2000—2006 年外商直接投资项目

二 外商直接投资规模逐年扩大

（一）合同外资金额快速增长

2007 年签订合同外资金额为 54.5 亿美元，比上年增长 35.24%。其中新批合同外资金额 1000 万美元以上的大项目 96 个，比上年增长 18.5%；外商投资项目平均投资规模达 628 万美元，提高 53.0%（见图 2-8）。富昌科技、赛维 LDK、晶能光电等一批外资企业增资活跃。联邦快递、可口可乐、IBM、花旗公司、日本日立等世界 500 强企业相继投资江西省，全年新增有世界 500 强投资背景的企业 6 家，总数达 30 家。

（二）实际利用外资稳步提高

实际利用外资反映外商投资资金到位情况，是衡量外商直接投资的实质性与重要性的指标。从 2001 年起，全省利用外资开始突破过去长期徘徊不前的局面，进入快速增长时期，利用外资突破第一个 50 亿美元用了 24 年时间，而最近 3 年时间却突破第二个 50 亿美元。2005 年全省外商直接投资合同外资金额 38.76 亿美元，增长 24.5%，实际使用金额创历史新高，达 24.23 亿美元，增长 18%。2006 年全省实际利用外资 28.07 亿美元，增幅 15.85%，总量连续四年列中部六省第一位，在全国的排名由原来的第 21 位上升至第 8 位。2007 年实际使用外商直接投资 31.0 亿美元，增长 10.6%（见图 2-8）。

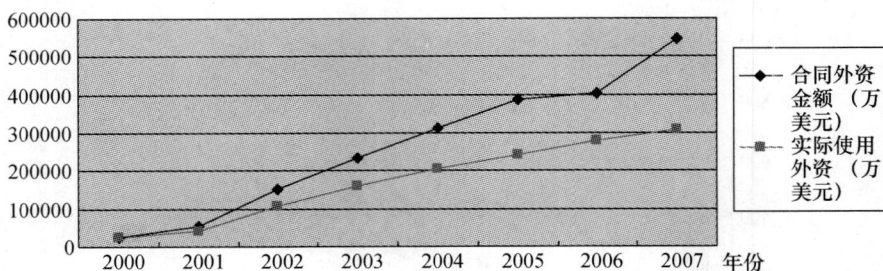

图 2-8 江西省 2000—2007 年外商直接投资合同与实际使用外资

三 外商直接投资结构逐步合理、地域多元化

（一）企业规模化

2006 年，马士基有限公司南昌办事处（丹麦）、南昌 ABB 泰豪发电

机有限公司（瑞士阿西布朗勃法瑞）、赣州江钨友泰新材料有限公司（日本住友商事株式会社）3 家具有世界 500 强背景的企业先后落户江西省，到目前为止落户江西省具有世界 500 强背景的企业达 30 家，投资项目达19 个。商务部公布的 2005—2006 年度中国最大 500 家外商投资企业（排序以销售额计算），江西省省有 4 家企业上榜。江西省铜业股份有限公司以销售额 133.42 亿元跻身于 500 强第 52 位，江铃汽车股份有限公司以71.88 亿元位于第 131 位，江西省铜业铜材有限公司以 44.58 亿元列第245 位，江铃五十铃汽车有限公司以 37 亿元排第 288 位。

（二）产业结构合理化

外商投资的行业以第二产业为主，2006 年江西省第一、二、三产业实际利用外资额分别为 17475、191502、71680 万美元，占实际利用外资总额的比重分别为 6.2%、68.2%、25.6%。制造业和房地产业是外商投资的重要领域。在第二产业中，制造业实际利用外资额为 170058 万美元，占第二产业实际利用外资总额的 88.8%；在第三产业中，房地产业实际利用外资额为 49661 万美元，占第三产业实际利用外资总额的 69.3%。其中，住宅与餐饮业实际利用外资额为 6408 万美元。外商在制造业的大量投资反映出国际产业转移的大趋势，而对房地产业的大量投资则是由于对人民币升值的预期及房地产在中国的蓬勃发展。

（二）地域结构多元化

进入江西省投资的外商主要来源于中国香港、中国台湾、英属维尔京群岛、美国、文莱、开曼群岛、澳门、新加坡、德国和菲律宾等国家和地区。江西省统计数据表明，近年来，到江西省投资的香港企业呈逐年上升趋势。至 2006 年年底，江西省共引进合同港资项目 5742 个，合同项目总投资 112.88 亿美元，实际到位港资 70.26 亿美元，占江西省全部实际到位外资的 53.75%。目前，中国香港已成为江西省继美国、日本之后第三大贸易伙伴和最大的投资来源地，港资已成为江西省引进外资的最重要组成部分，港商也已经成为在江西省投资的主要客商之一。江西省与中国香港的互补性正随着"泛珠"合作的深入和"CEPA"的进一步落实而日益显现。

第三章　江西省投资环境的横向分析：
与中部五省及东部五省的比较

改革开放以来，特别是 2000 年以后，在省委、省政府的正确领导下，江西省决定了沿海产业转移承接地、以工业化为核心、加强工业园区建设等一系列决策。大力改善投资环境，加强基础设施建设，经过全省上下的共同努力，江西省的投资环境和经济情况与之前相比都呈现出崭新的面貌。但与东部沿海发达省份相比较，仍有较大差距。如何吸引资金更多的流入，抓住中部崛起的机遇，利用江西省是东部发达省份产业转移"桥头堡"的优势。首先江西省要对自己的投资环境有一个客观、准确、科学的了解及综合评估。

本书根据投资环境的内涵、构成要素，在借鉴国内外权威研究者评价投资环境指标内容的基础上，构建投资环境综合评价指标体系，再运用统计上的层次分析法，对江西省投资环境做全面的评估。既包括对江西省纵向历年投资环境的研究，也包括江西省与其他省份的横向对比分析。在做纵向历年分析时，采用的是江西省从 2000—2007 年的数据。做横向对比分析时，主要目的是为了找准江西省投资环境在中部地区的地位，选择了中部六省作为研究对象，具体包括江西、山西、安徽、湖南、湖北和河南。

为了借鉴东部地区的先进经验，全面剖析江西省经济综合竞争力存在的优势和劣势，抓住制约江西省加快发展的主要矛盾，本书还选取了东部五个发达省份作为对比分析的对象，具体是福建、广东、浙江、江苏和山东。以期能够通过模型分析有针对性地提出增强江西省经济综合竞争力的对策，力促江西省在中部崛起。本章主要是做横向的对比研究。

第一节 评价方法构建

区域投资环境综合竞争力是指一个地区在国内、国际经济大环境下，与其他地区的投资环境竞争力相比较，其吸引外来投资以创造增加值和国民财富持续增长的能力。对某区域的投资环境进行评价要解决三个问题：一是选定合适的指标，构建科学合理的投资环境评价指标体系；二是选择合适的统计方法，计算各地的投资环境指数；三是依据计算结果进行评价分析。

一 评价投资环境指标的内容

根据投资环境的内涵、构成要素，在借鉴国内外权威研究者评价投资环境指标内容的基础上，我们选择4大要素和36项具体指标作为衡量中部6省、东部5省的投资环境综合竞争力的基本依据：

1. 反映各地区经济环境的指标。经济环境是构成投资环境的一个基本要素，对投资者的投资活动往往产生最直接、最基本的影响。因此，反映经济状况的指标应是投资环境评价指标体系中最基本的一部分。

2. 基础设施指标。投资者在某地区进行投资，就必然要求该地区的配套基础设施能够满足投资者生产、生活的需要。因此，基础设施指标也是进行投资环境分析时必须包含在指标体系之中的一部分。

3. 社会服务环境指标。除上述几方面外，各地区的科教发达程度、商务服务环境等方面反映投资配套社会服务水平高低的指标也逐渐成为影响投资环境的重要因素，而这方面的指标在以往的投资环境评价中往往被忽略掉了，本书在建立江西省区域投资环境评价指标体系时特意加入了反映这一方面的指标。

4. 自然资源。国家实行西部大开发、中部崛起的战略，就是希望利用中、西部地区丰富的自然资源来吸引外来投资。外来投资者也越来越重视引资地的土地环境、生态优势、发展后劲。鉴于此，本书在研究中设置了人均水资源量、森林覆盖率、万人耕地面积3个指标衡量自然资源状况。

　　遵循系统性原则，上述构成我国区域投资环境评价指标体系的四个方面的各项指标不能杂乱地堆放在一起，需要以一种特定的方式把它们组合成为一个有机的整体。为了具体反映投资环境各个方面的水平，需要对各个指标进行分类整理，按照上述投资环境四个方面的内容将整个投资环境系统分成四个第一层次，而每个第一层次又包含自己内部的第二、第三层次。因此，我们构建出了一个分层次的区域投资环境评价指标体系，其具体内容见表3-1。需要指出的是，这里所构建的区域投资环境评价指标体系是结合我国的具体国情及大陆各省（市、自治区）的具体区情，考虑到指标系统内部各个指标之间的相互交叉、制约以及协调促进的辩证关系，经过反复筛选和相关研究后选择了与投资环境密切相关、代表性大的36项指标而建立起来的。而且，该指标体系是建立在坚实的统计基础上的，也就是说，统计指标系统所涉及的数据大部分是可以在我国现有的《中国统计年鉴》或各省统计年鉴上直接或间接获取的，只有极少量数据需要从其他年鉴或文献中取得。

　　指标的说明：

　　1. 自然环境。自然环境包括人均水资源量、森林覆盖率、万人耕地面积三个方面。人均水资源量、森林覆盖率可以用来说明某一具体省份的生态环境，万人耕地面积说明土地价格和发展空间。

　　2. 经济发展水平。经济发展水平包括城市发育、经济效益与经济规模、市场水平、产业结构、经济开放程度和金融环境六个方面。

　　（1）城市发育是用城镇人口占总人口的比重来衡量城市化水平，用来表征城市化的发展程度。

　　（2）经济效益与市场水平。用人均GDP、GDP年增长率、人均财政收入、人均固定资产投资额、年工业总产值来衡量。GDP是一个国家或地区在一定时期内所生产和提供的最终使用的产品和服务的总价值，是反映常住单位生产活动成果的指标。但GDP是一个总量概念，它除了反映经济发展水平外，还受到人口总数的影响。所以这里选用人均GDP，而不是GDP，这样既可衡量一个地区经济发展水平，又消除了人口总数的影响。固定资产投资总额和年工业总产值是衡量一地区投资和工业发展水平的指标，而人均财政收入则反映了当地经济发展带来的经济收益，也反映了当地经济发展的水平。

（3）市场水平。包括职工平均工资、年末城乡居民人均储蓄额和社会商品零售总额。其中，社会商品零售总额是反映市场容量最直观的指标，而职工平均工资、年末城乡居民人均储蓄额则反映了当地的市场潜力，即未来可能的市场容量。

（4）产业结构。第二产业比重和第三产业比重，不仅反映了当地产业的结构，而且也反映了经济发展程度。一般经济发展水平越高，第三产业比重也较大。

（5）经济开放程度。包括外贸依存度和实际利用外资额。外贸依存度是衡量某地区是否从事外向型经济和市场经济发育程度的一个重要标准。一个地区的外贸依存度越高，其国际化程度也越高，与国际市场的联系也越紧密，吸引外来投资的可能性也越大。

（6）金融环境包括年末各项金融机构贷款余额、年末各项金融机构借款余额和金融业从业人员三个指标，大致地衡量一地区金融市场的发育程度和服务水平。

（7）基础设施包含生活设施、交通通信和环境保护三个方面。其中，生活设施包括人均铺装道路面积、工业废水处理率和人均居住面积、人均供水量四个指标。人均住房面积、人均供水量和人均道路面积则反映了当地的生活设施情况。工业废水处理率则反映了当地对环境保护的重视程度和力度。

（8）交通通信包括公路里程数、铁路营运里程数、年客运总量和年货运总量。客运总量和货运总量反映了当地的交通运输能力。邮电通信包括两个指标：人均邮电业务额，反映了一个地区的邮电发达程度；百人拥有电话数，反映了一地区通信发达程度。

3. 社会服务环境。社会稳定用就业率来表示；商务条件用万人拥有商服人员数表示；每万人中医疗床位数反映了当地的卫生服务水平。科教发达程度包含每十万人中大学生数、人均教育经费、万人专业技术人员数三个指标。前两者反映了当地的教育发展水平，而后者则反映了当地技术交易的活跃程度，说明当地的科技水平如何。

二 评价投资环境模型的建立

在上一章中，本书已经建立了评价中国及江西省投资环境的指标体系。

表 3 - 1 投资环境评价指标体系

目标层	准则层	指标层	操作数据
区域投资环境评价指数	自然环境 (0.17) B_1	自然环境 (1) C_1	人均水资源量 (0.3) X_1
			万人耕地面积 (0.4) X_2
			森林覆盖面积 (0.3) X_3
		城市发育 (0.13) C_2	城市化水平 (1.00) X_4
	经济发展水平 (0.33) B_2	经济效益与经济规模 (0.21) C_3	人均GDP (0.20) X_5
			GDP年增长率 (0.20) X_6
			人均财政收入 (0.20) X_7
			人均固定资产投资额 (0.20) X_8
			年工业总产值 (0.20) X_9
			职工平均工资 (0.30) X_{10}
		市场水平 (0.15) C_4	年末城乡居民人均储蓄额 (0.30) X_{11}
			社会商品零售总额 (0.40) X_{12}
		产业结构 (0.16) C_5	第二产业比重 (0.50) X_{13}
			第三产业比重 (0.50) X_{14}
		经济开放程度 (0.17) C_6	外贸依存度 (0.5) X_{15}
			实际利用外资额 (0.50) X_{16}
	基础设施 (0.28) B_3	金融环境 (0.18) C_7	年末各项金融机构贷款余额 (0.30) X_{17}
			年末各项金融机构借款余额 (0.40) X_{18}
			金融业从业人员 (0.30) X_{19}
		生活设施 (0.20) C_8	人均铺装道路面积 (0.25) X_{20}
			工业废水排放达标率 (0.25) X_{21}
			人均居住面积 (0.25) X_{22}
			人均供水量 (0.25) X_{24}
			公路里程数 (0.25) X_{25}
		交通设施 (0.45) C_9	铁路营运里程数 (0.25) X_{26}
			年客运总量 (0.25) X_{27}
			年货运总量 (0.25) X_{28}
		邮电通信 (0.35) C_{10}	百人拥有电话数 (0.5) X_{29}
			人均邮电业务总量 (0.5) X_{30}
	社会服务环境 (0.22) B_4	社会稳定 (0.17) C_{11}	城镇登记就业率 (1.00) X_{31}
		商务条件 (0.27) C_{12}	万人拥有商服人员数 (1.00) X_{32}
		医疗卫生 (0.23) C_{13}	万人拥有医生数 (1.00) X_{33}
		科教发展程度 (0.33) C_{14}	万人拥有高校在校学生数 (0.27) X_{34}
			人均科教事业费 (0.39) X_{35}
			万人专业技术人员数 (0.34) X_{36}

下面和上一章使用相同方法建立模型，来具体得到各地的投资环境综合指数，该模型主要包括以下四个步骤：

第一步：数据准备。即根据所选择的评价因素，准备相应的数据。在此部分所有的数据均来源于 2007 年度的各省统计年鉴，以及《2007 中国城市统计年鉴》，使得数据具有客观性。

第二步：数据无量纲处理。各个评价指标的计量单位并不一致，不能简单相加，不具有可比性。因此，为了使数据具有可比性，必须首先对数据的单位进行处理。一般的无量纲处理方法有极大值法、极小值法、标准化法和平均值法四种。这里采用和上一章相同的平均值法进行处理，即对数据进行无量纲化。

第三步：用 AHP 法确定各层子指标的权重，方法和上一章相同。

第四步：计算各省的投资环境综合评分。对各指标数据进行无量纲处理后，再根据权重分别对各个评价对象的标准化数据进行综合评分。综合评分计算公式为：

$$Z_i = \delta_1 X_{i1} + \delta_2 X_{i2} + \cdots + \delta_n X_{in}$$

其中，Z_i 为 i 省（市）投资环境综合指数，X_{i1}，X_{i2}，…，X_{in} 分别表示为选取的影响 i 省投资环境指数的 n 个不同指标；δ_1，δ_2，…，δ_n 分别表示各指标对投资环境指数影响的重要程度，即权重。通过对上述模型的计算可以分别计算出各省的投资环境指数。根据 Z_i 值的大小可以比较得出各省投资环境指数的差异，Z_i 值越大，表明投资环境越好；反之，投资环境也就越差。

第二节　基于 AHP 的江西省与中部五省及东部五省的数据处理

下面运用前面提到的研究方法和思路，对我国中部六省（江西、湖南、湖北、安徽、河南、山西），以及东部沿海五省（广东、浙江、江苏、福建、山东）的投资环境的实际情况进行实证分析，对江西省投资环境在中部、东部的位置做出判断。考虑到中部六省与东部五省的投资环境、经济发展状况都存在巨大的差异，不具有可比性。因此在分析江西省与中部六省和东部五省的差异时，是单独比较其在中部所处的位置和其与东部的差距，而不是把中部和东部的省份放在一起进行分析。

一 资料来源

本书中所采用的数据均来自于 2006 年度的各省统计年鉴、国家统计局年度公报以及中国宏观数据挖掘系统。分析江西省的投资环境在中部六省中所处的水平，并与东部五省做对比，找出其投资环境的优势与不足。中部六省的投资环境综合评价原始数据如表 3 – 2 所示，东部五省与江西省的投资环境综合评价原始数据如表 3 – 3 所示。

表 3 – 2　　　　　　　　　2006 年中部六省原始数据

操作指标	江西	山西	湖南	湖北	安徽	河南
人均水资源量 X_1	3756.45	249.27	2615.65	2039.83	880.48	357.43
万人耕地面积（平方米）X_2	490.12	112.40	559.68	529.20	624.44	807.19
森林覆盖面积（%）X_3	60.05	13.00	55.53	31.61	26.06	16.19
城市化水平（%）X_4	38.68	43.1	38.71	39	21.74	32.5
人均 GDP（元）X_5	10798	14083	11950	13296	10055	13313
GDP 年增长率（%）X_6	12.3	13.7	13.9	13.2	12.75	14.4
人均财政收入（元）X_7	1199	3106	706.15	835.01	1238.4	691.6
人均固定资产投资额（元）X_8	6189.2	6879.25	4790.69	5905.27	5376.4	6016
年工业总产值（亿元）X_9	15590	18300	16031	15172	17949	16981
职工平均工资（元）X_{10}	7263	14254	14629.6	8951	4077.8	7639.51
年末城乡居民人均储蓄额（元）X_{11}	4245.49	5902.8	8248.94	7454.07	2190.18	6031.21
社会商品零售总额（亿元）X_{12}	1428.02	1613.4	1532.81	3412	2029.4	3880.47
第二产业比重（%）X_{13}	49.7	57.8	41.6	20.5	43.07	53.8
第三产业比重（%）X_{14}	33.5	36.4	40.8	31.9	40.2	29.8
外贸进出口总额（万美元）X_{15}	619356	662779	735259	1173841	142374	985717
实际利用外资额（万美元）X_{16}	280657	132438	289448	244853	139354	184526

续表

操作指标	江西	山西	湖南	湖北	安徽	河南
年末各项金融机构贷款余额（亿元）X_{17}	3460.8	2924.77	5173.87	6430.44	5132.01	8567.33
年末各项金融机构借款余额（亿元）X_{18}	5213.76	5775.92	7719.43	9570.97	7100.37	11492.55
金融业从业人员（万人）X_{19}	8.82	12.1	19.98	11.55	12.4	20.7
人均铺装道路面积 X_{20}	10	11.5	10.68	11.5	13	12.17
工业废水排放达标率（%）X_{21}	95	93.52	91.6	91	97	92.98
人均居住面积（平方米）X_{22}	32.51	20.36	27	30.97	20.7	24.46
人均供水量（升）X_{24}	473.99	163.66	252.7	260.75	237.84	257.49
公路里程数（公里）X_{25}	128234	112930	171848	181791	147611	236351
铁路营运里程数（公里）X_{26}	2303	2512	2806	2759	2387	3988
年客运总量（万人）X_{27}	43239	42552	32776	75440	79145	108060
年货运总量（万吨）X_{28}	36759	132041	23650	52600	74144	86608
百人拥有电话数 X_{29}	20.31	55.56	38.12	52.7	24.57	23.7
人均邮电业务总量 X_{30}	733.51	986.45	723	1566	539.68	480.72
城镇登记就业率（%）X_{31}	96.36	91.91	99.19	95.8	95.8	96.48
万人拥有商服人员数（人）X_{32}	9.27	17.38	29.56	34	28.21	9.73
万人拥有医生数（人）X_{33}	11.9	17.85	34.59	14.9	27.69	37.49
万人拥有高校在校学生数 X_{34}	180.38	132.29	121.08	180.54	108.63	99.19
人均科教事业费 X_{35}	245.25	295.55	250.55	315.49	259.83	192.33
万人专业技术人员数（人）X_{36}	161	117.61	181.61	82.75	124.46	79.32

表 3 - 3　　　　　　　　2006 年东部五省原始数据

操作指标	江西	江苏	浙江	广东	福建	山东
人均水资源量 X_1	3756.45	535.66	1951.85	1770.21	3284.71	330.86
万人耕地面积（平方米）X_2	490.12	474.00	344.41	309.87	317.32	736.40
森林覆盖面积（%）X_3	60.05	14.80	60.65	55.90	62.96	23.00
城市化水平（%）X_4	38.68	51.9	45.43	63	32.1	34.77

续表

操作指标	江西	江苏	浙江	广东	福建	山东
人均GDP（元）X_5	10798	28814	31874	32557	55883	23794
GDP年增长率（%）X_6	12.3	14.9	13.7	14.6	16.5	14.8
人均财政收入（元）X_7	1199	521.2	554.651	2707	2846	1461.16
人均固定资产投资额（元）X_8	6189.2	10071.42	16403.01	10103.94	8754.92	11997.48
年工业总产值（亿元）X_9	15590	23782	27567	25366	19318	19228
职工平均工资（元）X_{10}	7263	12183.47	26478	26815.89	12586.45	11126.87
年末城乡居民人均储蓄额(元)X_{11}	4245.49	19670.14	29129.94	12500.22	12134.31	11555.99
社会商品零售总额（亿元）X_{12}	1428.02	6623.18	5325.35	9118.08	2704.23	7122.55
第二产业比重（%）X_{13}	49.7	57.72	54	51.3	67.87	57.7
第三产业比重（%）X_{14}	33.5	35	40.1	42.7	24.6	32.6
外贸进出口总额（万美元）X_{15}	619356	28399500	3825259	527207	6265921	9528817
实际利用外资额（万美元）X_{16}	280657	1743140	1450582	1780780	718489	1020966
年末各项金融机构贷款余额（亿元）X_{17}	3460.8	18485.02	24413.94	23182.16	6447.72	15709.6
年末各项金融机构借款余额（亿元）X_{18}	5213.76	25860.47	23808.36	40902.74	8836.26	19633.98
金融业从业人员（万人）X_{19}	8.82	20.01	43.74	29.32	8.2	28.6
人均铺装道路面积 X_{20}	10	18.7	17.11	34.11	12.37	18.14
工业废水排放达标率（%）X_{21}	95	97.75	61.5	84.9	97.94	94.22
人均居住面积（平方米）X_{22}	32.51	34.8	35.01	26.59	32.56	22.56
人均供水量（升）X_{24}	473.99	204.55	230.68	135.78	187.98	112.71
公路里程数（公里）X_{25}	128234	108642	108813	178387	86560	204911
铁路营运里程数（公里）X_{26}	2307	1603	1265	1862	1630	3405
年客运总量（万人）X_{27}	43239	161425	174626	199372	59369	109472
年货运总量（万吨）X_{28}	36759	125114	140095	148543	44304	167511
百人拥有电话数 X_{29}	20.31	42.71	48	39.38	41.75	28.41
人均邮电业务总量 X_{30}	733.51	633.04	2099.785	2730.59	1780.21	1055.91
城镇登记就业率（%）X_{31}	96.36	96.6	96.49	96.46	96.07	96.7

续表

操作指标	江西	江苏	浙江	广东	福建	山东
万人拥有商服人员数（人）X_{32}	9.27	33.21	33.43	33.17	15.54	35.44
万人拥有医生数（人）X_{33}	11.9	15.7	20.41	50.81	29.96	15.73
万人拥有高校在校学生数 X_{34}	180.38	173	144.55	125.31	160.12	144.16
人均科教事业费 X_{35}	245.25	1761.67	1227.97	886.97	704.11	535.85
万人专业技术人员数（人）X_{36}	161	194.32	230.25	215.8	185.24	179.62

二　数据无量纲处理

表 3 - 2、表 3 - 3 中的各指标为实际数据，在实际测算中，需要对其进行无量纲处理。对表 3 - 3 中的实际数据进行标准化处理，得到各省市投资环境指标的标准值如表 3 - 4、表 3 - 5 所示。

表 3 - 4　　　　　2006 年中部六省标准化数据

操作指标	江西	山西	湖南	湖北	安徽	河南
人均水资源量 X_1	2.28	0.15	1.59	1.24	0.53	0.22
万人耕地面积 X_2	0.94	0.22	1.07	1.02	1.20	1.55
森林覆盖面积（%）X_3	1.78	0.39	1.65	0.94	0.77	0.48
城市化水平（%）X_4	1.09	1.21	1.09	1.09	0.61	0.91
人均 GDP（元）X_5	0.88	1.15	0.98	1.09	0.82	1.09
GDP 年增长率（%）X_6	0.92	1.02	1.04	0.99	0.95	1.08
人均财政收入（元）X_7	0.93	2.40	0.54	0.64	0.96	0.53
人均固定资产投资额（元）X_8	1.06	1.17	0.82	1.01	0.92	1.03
年工业总产值 X_9	0.75	1.04	1.45	1.31	0.39	1.06
职工平均工资（元）X_{10}	0.94	1.10	0.96	0.91	1.08	1.02

续表

操作指标	江西	山西	湖南	湖北	安徽	河南
年末城乡居民人均储蓄额 X_{11}	0.77	1.51	1.54	0.95	0.43	0.81
社会商品零售总额 X_{12}	0.62	0.70	0.66	1.47	0.88	1.68
第二产业比重 X_{13}	1.12	1.30	0.94	0.46	0.97	1.21
第三产业比重 X_{14}	0.95	1.03	1.15	0.90	1.13	0.84
外贸进出口总额 X_{15}	0.86	0.92	1.02	1.63	0.20	1.37
实际利用外资额 X_{16}	1.32	0.63	1.37	1.16	0.66	0.87
年末各项金融机构贷款余额 X_{17}	0.66	0.55	0.98	1.22	0.97	1.62
年末各项金融机构借款余额 X_{18}	0.67	0.74	0.99	1.23	0.91	1.47
金融业从业人员 X_{19}	0.62	0.85	1.40	0.81	0.87	1.45
人均铺装道路面积 X_{20}	0.87	1.00	0.93	1.00	1.13	1.06
工业废水排放达标率 X_{21}	1.02	1.00	0.98	0.97	1.04	0.99
人均居住面积 X_{22}	1.25	0.78	1.04	1.19	0.80	0.94
人均供水量 X_{24}	1.73	0.60	0.92	0.95	0.87	0.94
公路里程数 X_{25}	0.79	0.69	1.05	1.11	0.90	1.45
铁路营运里程数 X_{26}	0.83	0.90	1.00	0.99	0.85	1.43
年客运总量 X_{27}	0.68	0.67	0.52	1.19	1.25	1.70
年货运总量 X_{28}	0.54	1.95	0.35	0.78	1.10	1.28
百人拥有电话数 X_{29}	0.57	1.55	1.06	1.47	0.69	0.66
人均邮电业务总量 X_{30}	0.88	1.18	0.86	1.87	0.64	0.57
城镇登记就业率 X_{31}	1.00	0.96	1.03	1.00	1.00	1.01
万人拥有商服人员数 X_{32}	0.43	0.81	1.38	1.59	1.32	0.46
万人拥有医生数 X_{33}	0.49	0.74	1.44	0.62	1.15	1.56
万人拥有高校在校学生数 X_{34}	1.32	0.97	0.88	1.32	0.79	0.72
人均科教事业费 X_{35}	0.94	1.14	0.96	1.21	1.00	0.74
万人专业技术人员数 X_{36}	1.29	0.94	1.46	0.66	1.00	0.64

表 3 - 5　　　　　　2006 年江西与东部五省标准化数据

操作指标	江西	江苏	浙江	广东	福建	山东
人均水资源量 X_1	1.94	0.28	1.01	0.91	1.69	0.17
万人耕地面积 X_2	1.10	1.06	0.77	0.70	0.71	1.65
森林覆盖面积 X_3	1.30	0.32	1.31	1.21	1.36	0.50
城市化水平 X_4	0.87	1.17	1.03	1.42	0.72	0.78
人均 GDP X_5	0.35	0.94	1.04	1.06	1.83	0.78
GDP 年增长率 X_6	0.85	1.03	0.95	1.01	1.14	1.02
人均财政收入 X_7	0.77	0.34	0.36	1.75	1.84	0.94
人均固定资产投资额 X_8	0.58	0.95	1.55	0.95	0.83	1.13
年工业总产值 X_9	0.71	1.09	1.26	1.16	0.89	0.88
职工平均工资 X_{10}	0.45	0.76	1.65	1.67	0.78	0.69
年末城乡居民人均储蓄额 X_{11}	0.29	1.32	1.96	0.84	0.82	0.78
社会商品零售总额 X_{12}	0.27	1.23	0.99	1.69	0.50	1.32
第二产业比重 X_{13}	0.88	1.02	0.96	0.91	1.20	1.02
第三产业比重 X_{14}	0.96	1.01	1.15	1.23	0.71	0.94
外贸进出口总额 X_{15}	0.08	3.47	0.47	0.06	0.76	1.16
实际利用外资额 X_{16}	0.24	1.50	1.24	1.53	0.62	0.88
年末各项金融机构贷款余额 X_{17}	0.23	1.21	1.60	1.52	0.42	1.03
年末各项金融机构借款余额 X_{18}	0.25	1.25	1.15	1.98	0.43	0.95
金融业从业人员 X_{19}	0.38	0.87	1.89	1.27	0.35	1.24
人均铺装道路面积 X_{20}	0.54	1.02	0.93	1.85	0.67	0.99
工业废水排放达标率 X_{21}	1.07	1.10	0.69	0.96	1.11	1.06
人均居住面积 X_{22}	1.09	1.00	1.17	0.89	1.09	0.76
人均供水量 X_{24}	2.11	0.91	1.03	0.61	0.84	0.50
公路里程数 X_{25}	0.94	0.80	0.80	1.31	0.64	1.51
铁路营运里程数 X_{26}	1.15	0.80	0.63	0.93	0.81	1.69
年客运总量 X_{27}	0.35	1.30	1.40	1.60	0.48	0.88

续表

操作指标	江西	江苏	浙江	广东	福建	山东
年货运总量 X_{28}	0.33	1.13	1.27	1.35	0.40	1.52
百人拥有电话数 X_{29}	0.55	1.16	1.31	1.07	1.14	0.77
人均邮电业务总量 X_{30}	0.49	0.42	1.39	1.81	1.18	0.70
城镇登记就业率 X_{31}	1.00	1.00	1.00	1.00	1.00	1.00
万人拥有商服人员数 X_{32}	0.35	1.24	1.25	1.24	0.58	1.33
万人拥有医生数 X_{33}	0.49	0.65	0.85	2.11	1.24	0.65
万人拥有高校在校学生数 X_{34}	1.17	1.12	0.94	0.81	1.04	0.93
人均科教事业费 X_{35}	0.27	1.97	1.37	0.99	0.79	0.60
万人专业技术人员数 X_{36}	0.83	1.00	1.18	1.11	0.95	0.92

三 计算各层次权重

下面运用层次分析法计算各省市投资环境指标的权重，计算结果如表 3-1 所示。

四 计算各省市投资环境最后得分

最后把标准化后的数据以及各指标权重代入 $Z_i = \delta_{i1} X_{i1} + \delta_2 X_{i2} + \cdots + \delta_n X_{in}$，可以计算得到各省的投资环境综合指标得分，最后对评价的结果进行分析。

第三节　评价结果分析

一 中部六省和东部五省的投资环境综合得分情况分析

中部六省和东部五省的投资环境综合得分如表 3-6 和表 3-7 所示。上述两表还分别对中部，以及江西省和东部五省的投资环境综合得分进行了排序，并用 2006 年的人均固定资产投资额与之进行印证分析。

表 3 - 6　　　　2006 年中部六省投资环境计算得分及排名情况

操作指标	江西	山西	湖南	湖北	安徽	河南
投资环境综合得分	0.99	0.90	1.11	1.10	0.91	1.02
投资环境排名	4	6	1	2	5	3
人均固定资产投资（元）	6189.2	6879.25	4790.69	5905.27	5376.4	6016
人均固定资产投资排名	2	1	6	4	5	3

表 3 - 7　　　2006 年江西省与东部五省投资环境计算得分及排名情况

操作指标	江西	江苏	浙江	广东	福建	山东
投资环境综合得分	0.76	1.10	1.11	1.19	0.90	0.97
投资环境排名	6	3	2	1	5	4
人均固定资产投资（元）	6189.2	10071.42	16403.01	10103.94	8754.92	11997.48
人均固定资产投资排名	6	4	1	3	5	2

从表 3-6 和表 3-7 中，可以得出以下两点结论：

第一，各省份投资环境综合排名与实际人均固定资产投资排名情况基本吻合。本指标的评测结果还是能够反映各省市的投资环境综合情况的。

从表 3-6 来看，除湖南和山西外，中部其他省份投资环境综合排名与实际人均固定资产投资状况基本相吻合。其中湖南在中部六省的投资环境综合排名为第一，但实际人均固定资产投资排名却是中部倒数第一。这说明湖南近几年的总体投资环境在不断改善，在中部处于优势地位，尤其是长、株、潭城市群之间紧密联系，以京广铁路、湘赣铁路、湘黔铁路等为主体的运输网络比较发达，成为江汉平原、洞庭湖平原、鄱阳湖平原之间的重要物资集散地之一。它周围的农业生产条件较好，工业也已基本形成机械、机电、有色金属、纺织、食品等优势行业。这些因素都推动其投资环境的优化，但湖南还没有充分利用其优势。山西的投资环境综合得分为中部第六，但人均固定资产投资却排名中部第一。这种状况的主要成因在于，山西是我国最重要的能源供应基地，煤矿资源丰富，吸引了众多针对煤矿的投资者。但是在伴随开采而取得的经济发展过程中，该地区是水土流失和环境污染日益严重，同时基础设施、社会服务的建设没有跟上，因此导致了人均固定资产投资高，而投资综合环境差，这样一种矛盾的现象。从表 3 - 2 来看，江西省与东部五省的投资环境综合排名与实际人均固定资产投资的变动趋势也基本一致，这就进一步验证了本指标的评测结果还是能够反映各省市的投资环境综合情况的。

第二，江西省的投资环境在中部居于中等水平，但与东部五省相比仍存在着较大的差距。

在中部六省中，江西省投资环境综合得分为 0.99，仅高于山西（0.90）、安徽（0.91），排名第四。但同时也可以得出，江西省与得分最高的湖南省仅相差 0.12 分，中部六省投资环境得分最大差值也为 0.21，可见整个中部省区之间投资环境的差异性不是很大。而在与东部五省的比较中，江西省得分仅为（0.76），与得分最高的广东相差 0.43，可见江西省与东部五省的投资环境相差甚远。东部五省中，除了福建得分 0.90 外，山东得分 0.97，其他省份得分都在 1 分以上，说明东部五省之间的投资环境发展状况比较均衡，但与江西省相比，具有明显优势。这和长期以来东部沿海省份地理位置得天独厚，经济开放时间较早、开放程度高，带来了经济的迅速发展有关。江西省要改善自己的投资环境，向东部省份看齐，还有很长的路要走。

二 准则层得分分析

江西省与中部六省、东部五省的投资环境准则层得分如表 3 - 8 和表 3 - 9 所示，并把结果绘制成图 3 - 1 和图 3 - 2 的柱状图。通过对这四个表的研究，可以分析出江西省投资环境的劣势或者优势究竟在哪个具体的方面。

表 3 - 8　　　　　2006 年江西省与中部五省投资环境准则层得分

操作指标	江西	山西	湖南	湖北	安徽	河南
自然环境	0.2709	0.0420	0.2379	0.1800	0.1482	0.1411
经济发展水平	0.3068	0.3523	0.3576	0.3583	0.2622	0.3786
基础设施	0.1852	0.2561	0.1984	0.2578	0.2165	0.2720
社会服务环境	0.2254	0.2473	0.3189	0.3001	0.2864	0.2295

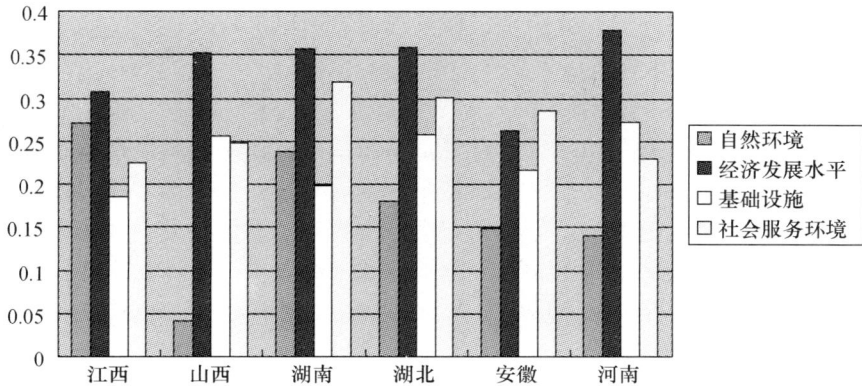

图 3-1 2006 年江西省与中部五省投资环境准则层得分

表 3-9　　　　　2006 年江西省与东部五省投资环境准则层得分

操作指标	江西	江苏	浙江	广东	福建	山东
自然环境	0.2399	0.1028	0.1709	0.1556	0.2043	0.1465
经济发展水平	0.1762	0.4297	0.3916	0.4216	0.2729	0.3236
基础设施	0.1817	0.2401	0.2466	0.2760	0.1807	0.2608
社会服务环境	0.1647	0.3246	0.2984	0.3334	0.2435	0.2428

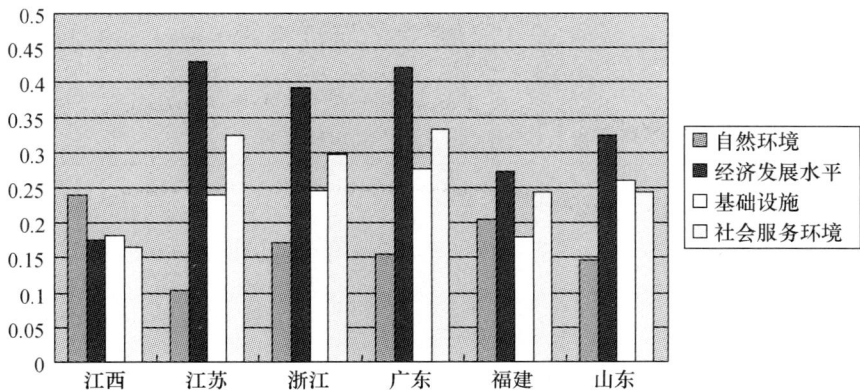

图 3-2 2006 年江西省与东部五省投资环境准则层得分

从投资环境准则层得分图中可以直观地看出以下特点：

（一）江西省在自然环境方面具有明显优势

江西省的自然环境是中部六省中最好的，而且明显优于其他中部省份，尤其是要远远好于山西省。这也是虽然江西省在其他三个指标上劣于其他省份，但综合排名却排在第四的原因。与东部省份相比，江西省的自然环境也具有一定的优势，但不如与中部省份相比那样明显，又因为在其他三个指标方面与东部省份相差太远，导致了综合得分远不如东部省份。

（二）经济发展水平、基础设施、社会服务方面的落后导致了江西省投资环境综合竞争力偏低

江西省的经济发展水平得分为 0.3068，仅高于安徽省的 0.2622，而基础设施、社会服务环境得分都为中部最低，与东部省份相比，更是存在明显差距。这与东部省份开放时间早，区位优势明显，拥有完善的交通、通信设施和雄厚的经济基础是分不开的。与这些优势相比，江西省在投资环境方面的落后是显而易见的。江西省的社会政治服务环境也远低于东部五省。社会政治服务环境成为影响投资环境越来越重要的因素，尤其是廉洁高效的行政环境，是投资区位选择的重要因素。要提升江西省的投资环境，首先就要营造公平高效的社会、政府服务环境。

三 指标层得分评价分析

表 3 – 10 和表 3 – 11 给出了江西省与中部六省、东部五省具体的操作层指标的得分情况。

表 3 – 10 　　　　　　江西省与中部六省投资环境指标层得分

操作指标	江西	山西	湖南	湖北	安徽	河南
自然环境	0.2709	0.0420	0.2379	0.1800	0.1482	0.1411
城市发育	0.0466	0.0519	0.0466	0.0470	0.0262	0.0391
经济效益与市场水平	0.0628	0.0940	0.0669	0.0698	0.0559	0.0663
经济规模	0.0430	0.0590	0.0560	0.0621	0.0461	0.0663
产业结构	0.0545	0.0615	0.0551	0.0360	0.0556	0.0542
经济开放程度	0.0613	0.0434	0.0670	0.0782	0.0240	0.0628

续表

操作指标	江西	山西	湖南	湖北	安徽	河南
金融环境	0.0386	0.0426	0.0659	0.0652	0.0544	0.0897
生活设施	0.0681	0.0473	0.0542	0.0576	0.0537	0.0551
交通设施	0.0934	0.1077	0.0970	0.1330	0.1334	0.1915
邮电通信	0.0278	0.0760	0.0521	0.0721	0.0336	0.0324
社会稳定	0.0376	0.0358	0.0387	0.0374	0.0374	0.0376
商务条件	0.0258	0.0483	0.0822	0.0946	0.0785	0.0271
医疗卫生	0.0775	0.0887	0.1173	0.0915	0.1021	0.1140
科教发展	0.0845	0.0745	0.0806	0.0766	0.0685	0.0509

表 3-11　　　　　　江西省与东部五省投资环境指标层得分

操作指标	江西	江苏	浙江	广东	福建	山东
自然环境	0.2399	0.1028	0.1028	0.1709	0.1556	0.1465
城市发育	0.0374	0.0502	0.0502	0.0440	0.0610	0.0337
经济效益与市场水平	0.0454	0.0603	0.0603	0.0715	0.0823	0.0660
经济规模	0.0189	0.0597	0.0597	0.0829	0.0807	0.0521
产业结构	0.0487	0.0536	0.0536	0.0557	0.0565	0.0518
经济开放程度	0.0089	0.1392	0.1392	0.0480	0.0447	0.0572
金融环境	0.0168	0.0666	0.0666	0.0895	0.0966	0.0629
生活设施	0.0674	0.0563	0.0563	0.0535	0.0602	0.0467
交通设施	0.0873	0.1268	0.1268	0.1292	0.1633	0.1763
邮电通信	0.0271	0.0569	0.0569	0.0640	0.0525	0.0379
社会稳定	0.0374	0.0375	0.0375	0.0374	0.0374	0.0375
商务条件	0.0206	0.0739	0.0739	0.0744	0.0739	0.0789
医疗卫生	0.0556	0.1107	0.1107	0.1001	0.1507	0.0683
科教发展	0.0511	0.1024	0.1024	0.0865	0.0714	0.0581

　　从准则层得分表可以看出，江西省处于落后位置的准则层指标为经济发展水平、基础设施和社会服务环境三项；而自然环境指标是占优势的。

从指标层得分表中，我们可以分析出具体是哪些因素导致了经济发展水平、基础设施和社会服务环境的落后。在与东部五省的指标层得分对比图中可以看出，江西省除了自然环境因素占优势，其他各项指标都与东部省份有差距。从中部六省的指标层得分图中可以得出，江西省虽然在多项指标上与其他省份存在差距，但也有相对而言占优势的指标。具体情况如图3－3所示。

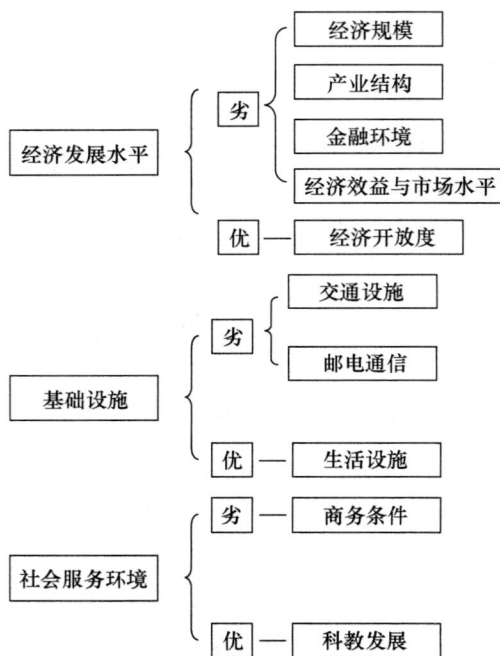

图3－3　江西省投资环境的优、劣势因素分析

从图3－3中，可以看出江西省的经济发展水平滞后，主要是由于经济规模、产业结构、经济效益与市场水平以及金融环境导致的；基础设施的落后在于交通设施和邮电通信落后；社会服务环境的落后主要在于商务条件。而基础设施中的生活设施因子及社会服务环境中的科教发展水平因子是江西省相对而言得分较高的优势因素，我们把这两个因素合并称为人文科教因素。经济开放度得分虽与东部五省相差甚远，但在中部六省居于中等偏上水平，尤其是标志经济开放度的指标之一"实际利用外资额"更是居于中部第二。因此，也作为优势因素。

第四节　江西省投资环境主要优劣势因子分析

在这一部分中，主要对上一部分分析所得的江西省投资环境中的主要优势、劣势指标进行进一步分析。

一　中部六省及东部五省的经济规模和产业结构分析

这里用固定资产投资总量代替对经济规模的研究，固定资产投资总量是衡量一个地区投资水平的主要指标，固定资产投资增长率表明了一地区固定资产投资的增长速度。投资率，通常是指一定时期（年度）内总投资占国内生产总值（GDP）的比率。根据发改委投资研究所的分析，世界平均投资率为23.7%。而中国在1978—2005年之间，投资率均在30%以上。这是中国工业化、城市化和市场化的发展所需要的，投资的高增长成为拉动经济发展的主要力量。而固定资产投资的结构分析，主要是研究固定资产投资在三个产业中的流向，以期对产业结构的优化起指导作用。

表3-12显示了2007年中部与东部各省的固定资产投资来源结构与投资产业结构情况。

从表3-12中可知，江西省固定资产投资以及投资结构具有如下特点：

（一）固定资产投资增长率缓慢，但投资率高

2006年江西省的固定资产投资增长率略低于同期全国水平，处于中部六省的中等水平。江苏、浙江、湖南三省的固定资产投资增长率很高，说明上述三省的投资增长较快，经济发展势头较好。尽管江西省的固定资产投资总额小、固定资产投资增长率低，但江西省的投资率是中部六省和东部各省中最高的，高于全国平均水平。这一方面说明各省的固定资产投资对GDP的总量依赖性较大；另一方面也说明江西省基础设施发展相对滞后，在城市化、工业化和基础设施建设的推动下，更需要加快固定资产的投资步伐，以尽快改善其投资的硬环境。

表 3 – 12　　　　2007 年中部与东部各省的固定资产投资总量与投资结构情况

	总额 （亿元）	增长率 （％）	GDP （亿元）	投资率 （％）	第一产业占 （％）	第二产业占 （％）	第三产业占 （％）
江　西	2683.6	23.7	4670.53	57.46	3.27	59.53	37.20
山　西	2255.7	24.9	4752.54	47.46	0.65	53.73	45.62
江　苏	10069.2	40.6	21645.08	46.52	0.81	46.28	52.92
浙　江	7590.2	37.0	15742.51	48.21	2.75	41.57	55.68
安　徽	3533.6	28.1	6148.73	57.47	1.70	36.65	61.65
福　建	2981.8	26.5	7614.55	39.16	2.90	39.32	57.79
山　东	11111.4	16.7	22077.36	50.33	2.84	59.21	37.95
河　南	5904.7	20.3	12495.97	47.25	3.27	46.67	50.05
湖　北	3343.5	13.8	7581.32	44.10%	2.71	39.08	58.22
湖　南	3175.5	38.0	7568.89	41.95%	2.78	37.37	59.85
广　东	7973.4	19.6	26204.47	30.43%	0.76	41.19	58.05
全　国	109998.2	24	210871	52.16%	2.50	44.07	53.43

资料来源：①《中国统计年鉴》（2007）。②2007 年相关各省统计年鉴。

（二）产业投资结构不尽合理——第一、第二产业投资占全部固定资产投资的比重高，第三产业投资所占比重较低

江西省 2006 年对第一、第二产业投资占全部固定资产投资的比重略高于全国的平均水平，而对第三产业投资所占比重低于全国平均水平。一方面说明江西省传统上是一个农业比重较大的省份。土地资源丰富、生态条件好，又拥有全国最大的淡水湖——鄱阳湖，是江西省水产业发展的重要资源，因此农业仍然在全省国民经济中起着比较重要的作用。但是，农业是一个风险大、低效益的产业。农业作物自然风险大、市场风险大、比较利益低，农产品的需求弹性与工业品和服务产品相对比较小，常常出现"谷贱伤农"的尴尬局面。同时，第二产业投资占全部固定资产投资的比重明显高于第一、第三产业，这说明，第二产业是拉动经济增长的头号引擎。另一方面，第三产业比重的高低往往标志着一个国家经济发展的现代化程度。在欧美等发达国家，服务业增加值占 GDP 的比重通常在 70% 以

上，发展中国家的平均水平也在 45% 左右。江西省第三产业增加值比重却还不足 40%。这说明，江西省的产业结构发展水平与经济总量发展水平是极不相称的，江西省所取得的经济增长仍然是低水平上的增长。建议采取切实有效的措施，把固定资产投资导向第三产业，遏制住第三产业比重不断下降的趋势，实现产业结构的优化升级。

二　经济开放度分析

经济开放度因子包括进出口贸易总额和实际利用外资额两项具体指标。江西省外贸进出口总额排在中部六省中的第五位，仅高于安徽省，是劣势因素。原因在于江西省的地理位置既不沿海也不靠江，在两头在外的加工贸易为主的外贸形势下，江西省不占优势。而江西省实际利用外资总量在中部六省中，仅次于湖南，居于第 2 位。在这里我们主要分析江西省利用外商直接投资的特点。外商直接投资（FDI）会对一国或地区宏观经济产生许多经济的影响，如缓解建设资金不足的问题、推动基础设施建设、产业集群发展和产业结构升级，扩大出口，增加就业机会，同时还能引进先进的技术和理念，培养出一批熟悉国际规则的管理人才，推动当地经济体制改革和开放型经济发展。虽然江西省的实际利用外资额在中部取得了较好的成绩，但与东部省份相比，还有一定差距。横向比较，江西省实际利用外资额与东部省份相比存在以下特点：

（一）利用 FDI 总量较小

从 2000—2006 年，外商在江西省的直接投资达 106.0 亿美元。其中，"十五"期间，外商直接投资累计达 75.7 亿美元，超过此前 20 年总和。虽然纵向来看，江西省利用外资的规模在稳步扩大，但是与东部沿海发达省份相比，江西省吸引外商直接投资的份额还较小。2006 年，江西省实际利用外资额为 280657 万美元，仅占广东（东部第一）的 15.76%，占福建（东部排名最后）的 39.02%。

（二）FDI 利用效率不高

自 2002 年起，联合国贸易和发展会议 UNCTAD 开始采用外国直接投资业绩指数（FDI Performance Index）指标，描述和评价各国吸引 FDI 的现状和前景。FDI 业绩指数定义为一个地区吸引外资的业绩指数，是指在一定时期内，该地区 FDI 的流入量占全国 FDI 流入量的比例除以该地区

GDP$_i$ 占全国 GDP 总量的比例，数学表达式为：IND$_i$ = （FDI$_i$ ÷ FDI）÷（GDP$_i$ ÷ GDP），其中 IND$_i$ 为第 i 个省利用 FDI 业绩数，FDI$_i$ 为第 i 个省 FDI 流入量；FDI 为全国流入量总量；GDP$_i$ 为第 i 省的 GDP$_i$，GDP 为全国 GDP 总量。一个地区经济规模越大，吸收的外商直接投资就越多。采用业绩指数的计量方式，消除了经济规模不同的影响。如果指数等于 1，表明该地区占全国 FDI 的比例与其占全国 GDP 的比例相等，FDI 居全国平均水平；指数大于 1，表示该地区吸收了相对于其 GDP$_i$ 规模而言更多 FDI；FDI 高于全国平均水平；该指数低于 1，则可能由于竞争力低下等原因，FDI 低于全国平均水平。依据上述的方法，计算出 2006 年中部六省与东部五省的 FDI 的业绩指数。

表 3 - 13　　　　　2006 年中部六省与东部五省 FDI 的业绩指数

省份	江西	山西	安徽	河南	湖北	湖南	广东	江苏	浙江	福建	山东
FDI 业绩指数	0.96	0.34	0.44	0.34	0.53	0.76	2.92	2.23	1.26	1.15	1.15

资料来源：《中国统计年鉴》（2007）。

从表 3 - 13 中可以看出，江西省业绩指数为 0.96，在中部六省中处于最高的位置，说明江西省在利用 FDI 方面成绩要好与其他中部省份。但是江西省业绩指数小于 1，说明江西省吸收了相对于其 GDP 规模而言更少的 FDI，利用 FDI 的业绩略低于全国平均水平。而且与广东（2.92）、江苏（2.23）等发达省份相比，存在着巨大的差距。

（三）FDI 的来源地和区域投向较为狭窄

2006 年，港澳台地区及新加坡等亚洲国家和地区的外商直接投资占江西省总的外商直接投资的 73.5% 以上，欧盟、北美等发达国家在江西省的投资较少。外资投向主要集中在南昌、九江、赣州等经济基础较好或地理位置较有优势的设区市，集中度达 66.5%。其他设区市利用外资则较少。

（四）利用 FDI 的软硬件不足

与沿海发达地区相比较，江西省加快发展开放型经济的意识和理念还较淡薄，通晓国际规则的经济管理人才还较欠缺，利用外资的产业基础和产业配套能力还较弱，投资促进体系不够健全，利用外资的法制环境、政务环境、信用环境等还不能完全适应进一步扩大对外开放的要求。

（五）招商引资形势不容乐观，省际间竞争加剧

由于中部地区都具有较好的区位、环境、资源优势，各省的招商引资政策相似，随着对招商引资关注度的提高，区域经济竞争进一步加剧，江西省招商引资工作日益受到冲击。

三　交通设施与邮电通信

从表3-14中可以看出，江西省的交通运输与及通信水平状况具有如下特点：

表 3-14　　　2006 年中部六省与东部五省交通及通信水平统计表

	人均邮电量	本地电话普及率（部/百人）	移动电话普及率（部/百人）	住宅电话普及率（部/百人）	互联网用户普及率（部/百人）	公路里程（公里）	铁路里程（公里）	年客运总量（万人）	年货运总量（万吨）
山西	977.07	25.29	29.32	21.24	11.26	112930	2512	42552	132041
江苏	1321.03	42.71	38.05	32.21	13.60	108642	1603	161425	125114
浙江	2076.97	48.01	60.49	31.80	19.62	108813	1265	174626	140095
安徽	581.28	24.57	19.91	20.54	5.52	147611	2387	79145	74144
福建	1776.11	41.44	43.25	29.88	14.50	86560	1630	59369	44304
江西	733.58	20.29	21.51	16.10	6.57	128234	2307	43239	36759
山东	1040.35	27.33	31.32	24.78	12.10	204911	3405	109472	167511
河南	763.78	20.71	25.06	17.40	5.50	236351	3988	108060	86608
湖北	804.13	23.27	29.57	17.55	9.34	181791	2759	75440	52600
湖南	774.36	21.15	23.57	16.92	6.43	171848	2806	32776	23650
广东	2855.91	39.05	76.50	25.52	19.68	178387	1862	199372	148543
全国	1165.93	27.98	35.08	21.50	10.42	34570	77100	2024158	2037892

资料来源：《中国统计年鉴》（2007）及 2007 年相关各省统计年鉴。

（一）铁路、公路营运能力低

作为衡量一个省市与外界联系的能力的铁路营运里程与公路里程来看，江西省居于中部六省和东部五省的中等偏低水平，仅高于山西、江苏、浙江和福建。河南、山东在这两项指标上排名都靠前，而从作为衡量一个省市与外界联系的程度的铁路货运量与公路货运量来看，江西省却比上述省份低很多。从年客运总量来看，仅略高于山西和湖南，处于11省份中倒数第三的位置；从年货运总量来看，江西省仅高于湖南，处于倒数第二的位置，山西的货运总量在11省份中位居第四，比客运量高很多，这跟山西省居于产煤大省的地位有关。从以上4个数据可以看出，江西省交通运输能力、交通设施的利用率均处于中部六省和东部五省的低水平，说明江西省的交通运输状况不容乐观，物流成本巨大。受江西省当地经济发展的制约，省内市场容量有限，这决定了大多数有一定规模的企业所生产的产品要靠省外市场吸纳与销售。但交通运输状况、物流的落后，又制约了这一目标的实现。

（二）通信水平偏低

江西省的人均邮电邮政业务量、本地电话普及率、移动电话普及率、住宅电话用户互联网普及率低于全国平均水平，并处于中部六省的中等偏下水平。通信水平的高低体现了信息传输系统的完备与否和获取信息、占有信息的能力。江西省的通信能力还有待于进一步开发与利用，才能适应不断改善投资环境的需要。

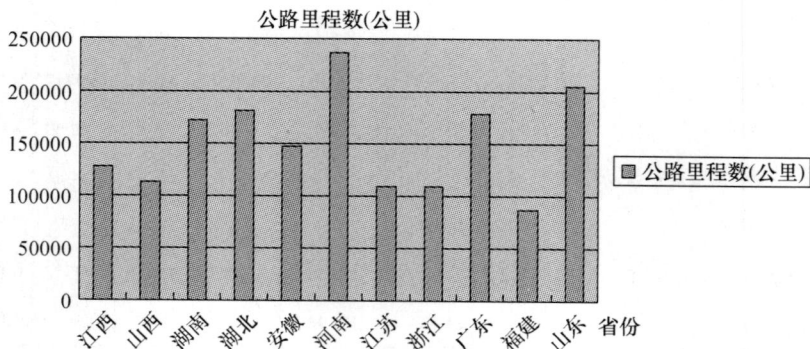

图3－4　2006年中部六省和东部五省的公路里程对比

铁路营运里程数(公里)

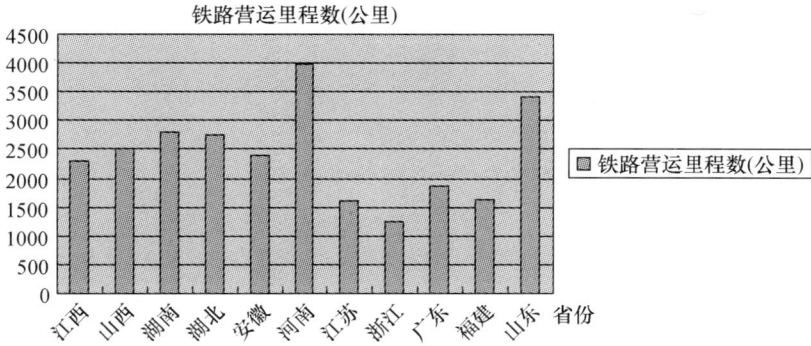

图 3 - 5 2006 年中部六省和东部五省的铁路营运里程对比

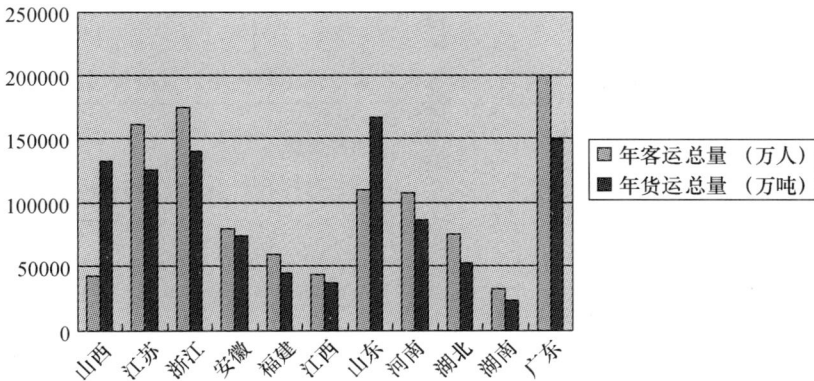

图 3 - 6 2006 年中部六省和东部五省的年客运总量及年货运总量对比

四 金融环境与市场发育程度

金融活动同经济发展的联系越来越紧密，金融业的规模和金融服务水平，已成为推动或抑制经济发展的重要因素。

从表 3 - 15 可以看出，江西省的金融与市场发育存在以下特点：

（一）地区经济实力弱小，金融不够活跃

2006 年江西省金融机构各项存款余额、社会消费品零售总额不仅远低于东部五省，而且处于中部六省的最后一位，贷款余额也仅高于山西省。其中，各项存款余额只占广东（第 1 位）的 12.75%，社会消费品零售总额只及广东的 15.66%，贷款余额只占广东的 14.93%，这反映江西省经济规模小、投入能力弱、发展后劲不足的问题比较突出。存、贷款余额总量都很小，但存贷款之间的差额相对于总量来说却较大，存贷差占了全部存款余额的 33.68%。相比之下，浙江省贷款余额超过了存款余额。这说明江西省金融资源匮乏且利用效率较低，难以有效地动员与启动潜在的经济资源以发展经济。江西省银行业存在主体单一，业务品种较少，信贷规模过低三大突出问题。地方性商业银行数量少、发展程度低。仅有江西省商业银行为本地提供少量的信贷服务，农村信用社为"三农"发展提供有限的农贷服务。一方面造成江西省的资金外流出省与并成为供给者，另一方面本地企业又找不到相应的资金来源。

表 3 – 15　　2006 年中部六省与东部五省及金融环境与市场发育程度统计

	各项存款余额（亿元）	各项贷款余额（亿元）	存贷差占存款余额（%）	最终消费（亿元）	社会消费品零售总额（亿元）	社会消费品零售总额/最终消费（%）
山西	5775.92	2924.77	49.36	2251.87	1613.4	71.65
江苏	25860.47	18485.02	28.52	9005.61	6623.18	73.55
浙江	23808.36	24413.94	– 2.54	7435.94	5325.35	71.62
安徽	7100.37	5132.01	27.72	3384.94	2029.4	59.95
福建	8836.26	6447.72	27.03	3765.94	2704.23	71.81
江西	5213.76	3460.8	33.62	2372.91	1428.02	60.18
山东	19633.98	15709.6	19.99	9515.68	7122.55	74.85
河南	11492.55	8567.33	25.45	6209.92	3880.47	62.49
湖北	9570.97	6430.44	32.81	4297.71	3412	79.39
湖南	7719.43	5173.87	32.98	4612.97	1532.81	33.23
广东	40902.74	23182.16	43.32	12892.81	9118.08	70.72
全国	335459.8	225347.2	32.82	110413.2	76410	69.20

（二）居民生活水平较低，市场化程度不高

江西省在社会消费品零售总额很小的情况下，社会消费品零售总额占最终消费的比例也很低，是中部六省和东部五省的最低水平，并且低于全国平均水平，这说明江西省的居民生活水平较低。社会消费品零售额与最终消费比指标基本能够反映市场经济发育程度。江西省的货币化程度低于全国的平均水平，同时也处于中部地区的偏下水平。

五 商务条件分析

在构建投资指标体系时，考虑到数据的可获得性，我们仅采用了万人商服人员数来衡量商务条件。但在投资环境选择中，商务成本是投资者优先考虑的因素。因此，这里主要对商务成本进行探讨。商务成本是指企业在一定的城市或地区，进行投资和维持经营所发生的与经营所在地相关的各种特定耗费，主要包括生产经营成本、生产服务成本、物流及其他成本等。商务成本越低的城市对外来投资吸引力越强。先前的研究者普遍认为，江西省土地价格、劳动力价格与沿海省份相比具有明显优势。因此，江西省的商务成本较低，是吸引投资者的重要因素。但根据最新的调研成果，收集了南昌和其他7个中部、东部发达城市2006年的相关数据，进行的分析表明南昌的土地价格、劳动力价格、水、电价格上与其他城市相比优势明显。但被调查的企业反映在土地办证、报批手续方面均普遍比其他城市慢。技术管理人才缺乏，结构性缺工现象突出。此外，产业配套能力弱，南昌市物流运输成本明显高于珠三角、粤北地区。海关通关效率也较东部发达城市低。结论：南昌市的直接商务成本优势不突出甚至处于劣势，需要进一步改善投资软环境以降低企业投资成本（见表3－16）。

表3－16　　　　　2006年南昌与沿海发达城市商务成本比较

指标名称	武汉	长沙	合肥	南昌	广州	杭州	厦门	深圳
职工年平均工资（元）	21839	25697	17794	20286	36321	23581	25548	35107
居民消费水平（元）	9182	12948	10757	7547	19851	14109	8366	16628
商品房平均销售价格（元/平方米）	5882	7151	3531	3631	16367	9347	11735	10262

续表

指标名称	武汉	长沙	合肥	南昌	广州	杭州	厦门	深圳
其中办公楼（元/平方米）	4496	4118		3890	20000—30000	15000	30000	
工业地价（元/平方米）	480	480	384	384	600	449	1049	186－700
工业电价（元/度）	0.548	0.56	0.76	0.62	1.05	0.80	0.7	0.76
工业水价（元/吨）	1.82	1.58	2.35	1.35	2	3.55	2.5	2.26

第四章 江西省投资软环境的实地调研分析：访谈与问卷调查

2008年4月16日—5月10日，本书作者对南昌、九江、新余、吉安、上饶、景德镇六个城市的投资环境现状及存在问题进行调查研究；并奔赴江苏和广东两省进行调研，学习兄弟省市的先进经验，并采用分组实地走访、座谈讨论、调查研究等方式，对全省投资软环境建设情况进行了专题调研。此次调研涉及江西省经贸、招商、城建、城管、物价、工商、税务等有关部门和部分国有、非公有制企业。

从调查的情况来看，客观地说，江西省投资环境总体状况是良好的，特别在基础设施、公共设施等硬环境上普遍反映良好，在法制环境、办事效率、社会秩序等软环境上，与过去相比，也有很大进步。目前，从省委、省政府到市、县、镇各级政府，都十分重视招商引资工作，重视投资环境建设。

第一节 实地访谈的总体情况

一 对投资软环境及江西省建设情况的基本认识

近年来，省委、省政府及地方各级政府对营造发展环境、加强投资软环境建设十分重视，始终把优化环境放在促进全区社会经济发展的战略高度去认识，牢固树立人人都是投资环境、环境就是生产力的思想，认真落实优化"三个环境"的优惠政策，以优化投资软环境推动全省的改革开放和经济发展，推动招商引资工作的开展。各级政府各有关部门在改善投资软环境方面，依托职能，不断更新思想观念，创新管理机制，提高办事效率，强化依法行政，落实优惠政策，增强服务意识，做了大量的工作。

近几年来，虽然江西省投资软环境建设在各级政府上下的不懈努力下，取得了显著成效，但存在的问题也不容忽视。诸如思想观念还不够新，政府有关部门转变职能的力度还不够大，管理机制的创新还不够快，行政执法还不够规范，办事效率还不够高，服务意识还不够强，管理工作的透明度还不够高等一些突出问题，都在很大程度上制约和影响了江西省投资软环境的进一步发展。

调研中我们发现，各被调查主体一致认为，投资环境不再是原来简单的搞好基础设施或提供政策优惠；投资软环境建设应该是一项庞大的系统工程，政策性强，涉及面广，内容涵盖面宽。其中，投资软环境在投资环境建设中的地位越来越重要。投资软环境还带有很大的隐性特征，是有形与无形的统一。投资软环境主要指人文环境，包括政策环境、法制环境、市场秩序以及管理服务水平等方面的内容。同时，值得注意的是，软环境建设是相对硬环境建设而言的。硬环境建设是软环境的基础，软环境建设是硬环境建设的条件，两者之间相辅相成，相互联系。加强硬环境建设不能忽视软环境，改善软环境也必须以增强硬环境为基础。

二 实地调研中发现的主要问题

调研中，我们一方面深入企业和在建项目，与主要负责人、知情人进行座谈，了解整体情况，征求意见、建议，并对企业反映的一些重点问题进行了重点核实；另一方面，对各县市区的发改委、经贸委、招商局、人民银行、海关、税务、工商等管理部门的负责人进行了座谈，收集了各方对优化投资环境的建议。总的看来，随着工业化主战略的实施，进入新世纪以来江西省投资有了长足的发展，社会各界思发展、谋发展的热情很高，广大投资者和经营者的干劲颇足，对投资环境愈来愈看重，要求也在不断提高，他们提出了一些好的意见和建议，反映了一些具体问题，其中涉及全局性的突出问题主要表现在以下几个方面：

（一）重权力轻责任，重收费轻服务的问题

调查中发现，很多部门借宏观调控、科学发展、规范管理为名，出现了大量的、普遍的"权力上收、责任下放"现象。随着土地规划、项目审批等权力的上收，各开发区发展的自主权急剧丧失。"权力部门化，部门利益化"的现象重新抬头，对企业的"乱检查、乱收费、乱摊派、乱执法"现象屡禁不止。一些职能部门以本部门利益为中心，重处罚、轻指导；重管理、轻服务。企业反映有的职能部门收费到位，但服务、责任缺位，涉及收费的程序都健全了，但解决问题的程序没有；各部门只有轮番检查，没有轮番主动为企业服务；吃、拿、卡、要、报等现象在一些地方还不同程度地存在。

人为的"条条"和"块块"体制不顺，加上地方上未能有效组织协调相关部门联合执法，致使多头重复执法现象时有发生。过多、重复的收费、检查较大程度影响了企业正常的生产秩序，令投资者十分无奈。据统计调查，企业最有意见的收费项目包括：过路过桥方面的收费、城管方面的收费、治安联防方面的收费、工商注册和年检方面的收费、电信方面的有关附加收费、卫生检疫方面的收费，等等。

办事效率普遍较低，而且办事程序不透明。新办一个企业，从规划征地，到开工建设，往往要办几十个证件，时间少则几个月，多则一两年，等各种证件都办齐，这不仅使许多项目在过久的审批中贻误了"战机"，而且增加了市场交易的成本，影响了投资效率。相当一部分的部门工作人员办事推诿、拖拉、马虎，服务态度较差，服务水平较低。

总体而言，企业认为江西省条条管理全面趋紧，投资环境较2001、2002年有所倒退。企业认为其真正需要的是高效、透明的政务环境，而不是额外的优惠政策。

（二）重比拼政策优惠，轻综合商务成本的问题

为了吸引投资者，地方政府可谓是用尽了政策，用透了政策。为了引进一个项目，获得一些政绩，一些市与市之间、县与县之间，甚至同一个地区的不同开发区之间，都不惜在土地价格、税收优惠、财政补贴等方面大拼特拼，甚至贴本比拼、恶性竞争。在他们看来，如果不能在政策上给予足够的优惠，其投资环境就是再好，也难以吸引到投资者。

调查中发现，企业综合商务成本由三大块构成：一是购买生产要素的成本，如水电和劳动力价格的高低；二是组织生产经营要支付的成本，涉及政府服务、法制、信用和人的观念等诸多问题；三是产业和产品配套成

本。从这三个方面对比分析，可以清晰地看出江西省与发达地区的优势和不足。在生产要素成本方面，如工业用电、用水和劳动力价格等方面，江西省具有明显优势。在生产组织成本、产业配套能力方面，江西省具有明显弱势。产业配套能力的提高，非一日之功，但降低生产组织成本，是地方政府完全可以把握的，也是在短期内可见成效的。

要想改变这种现状，在生产要素上江西省还须继续实行更优惠的政策，在企业组织经营支出成本上，地方要为企业发展提供一个好的服务环境、法制环境和信用环境，尤其要把改进政府服务作为重中之重。此外做产业规划时要充分考虑供应链的配套和各项服务的配套。

（三）重政策文件的制定，轻执行与监管的问题

决策和执行是政府工作运行的两个关键环节。仅有一个好政策，如果没有得到有效的执行，仍然得不到好的效果。在提高执行力方面，江西省采取了许多措施，与自己相比，得到了一定的提高。如在省、市、县三级普遍设立行政服务中心和行政投诉中心，以方便群众和企业办事，提高服务时效。又如连续三年开展政务环境评议评价工作，听取各类意见并整改。但受到人员素质、政策操作难度等因素的影响，优化投资环境政策的执行存在诸多问题。

优化投资环境，尤其是软环境，是一项长期的动态过程，是一项永不竣工的系统工程。为此，要建立优化投资环境政策的咨询机制、协调机制、反馈机制和监督机制，实实在在地把优化投资环境的相关政策落实到位，确保提高政策的执行力。

（四）重招商承诺，轻社会诚信体系建设的问题

良好的信用对一个地方、一个企业，甚至一个公民来说，就是最优质的资本、最过硬的品牌、最有竞争力的无形资产。

现在有些投资者对江西省某些地方政府不讲诚信很有意见，说是"谈判承诺好，进来之后执行难；前任承诺好，后任执行难；政府承诺好，部门执行难；'阎王'承诺好，'小鬼'执行难。"这确实要引起我们深刻反思。

调查发现一些地方外来投资企业按约定应享受的优惠条件，有的因盲目承诺，根本无法兑现；有的从部门利益出发，在兑现中强调客观原因打折扣，不能完全兑现。特别是涉及垂直部门的条款，如供电及电费价格、

燃气供给、融资等方面出现的问题更为突出。失去了信用，不仅仅失去了外商和投资，更重要的是失去了发展的机遇。

（五）重局部的基础设施建设，轻区域之间的协调与互动

随着区域经济由增长极阶段向新产业区阶段的转变，江西省城市和区域经济将进入分工与协作、外资与内资互动发展的新阶段，这一阶段的重要特征是经济区、经济带和经济圈、城市群的迅速崛起。区域经济的空间结构是影响区域经济发展与投资环境建设的重要因素之一。

调查中发现虽然近年来江西省基础设施建设取得突破性进展，但整体上缺乏协调。例如企业集中反映的一个问题是区县市之间和省际之间公路连通性差，集散道路严重不足；铁路线覆盖率低，运力不足；水路航道等级较低，通航环境较差，滚装和集装箱码头建设相对滞后；航空货运体系建设基本还处于起步阶段。

此外，江西省由于缺乏核心辐射力区域，与外省交界的地级市实力较弱，使得人才、资本、技术和市场难以向省内城市聚集。改善投资环境，还必须进一步加强城市规划、建设和管理，有计划、有重点推进城市化进程。

打破区域行政划分思路，按照经济内在联系程度建设南昌都市圈，加快以赣州市、吉安市为重要增长极的赣中南经济区的一体化建设。推进新余市、萍乡市、宜春市组团式赣西城市群的建设。优化江西省投资环境必须通盘考虑全省区域之间的联系，将江西省投资环境看成一个资源配置的有机整体实行联动发展，使要素在国际和国内的流动能最大限度地提高区域经济发展的效率。

（六）重单个企业引进，轻产业链打造的问题

一个地区在分工协作产品配套、技术服务、材料供应等方面形成完善的产业链，某些方面的投资成本便会下降。从发展的角度看，全球各国家和地区利用FDI经历了从重视投资硬环境到后来的重视投资软环境，再到注重产业链和集聚效应的过程。

产业协作环境一直是跨国公司和大型项目投资者所考虑的重要因素之一。产业间能够形成密切的协作关系的前提条件就是产业聚集。目前，江西省几乎没有发展完整、能为外资配套的技术链和产业链，分工协作水平低，进而加大了企业的投资成本，如凤凰光学、奥克斯等龙头企业的周边

十分缺乏配套和支撑承接。而企业在选择建设生产基地时，一个重要标准是当地的产业链是否完备。江西省利用外资多以劳动密集型中小企业为主，在吸引外商投资中，面临着技术、资金和竞争环境的压力。如果不及时整合产业链和供应链，使企业之间形成相互信赖和聚集效应，就难以找到生存和发展空间，在兄弟省份竞争中就会处于非常不利的地位。主要表现在：第一，产业配套能力弱，原材料、零部件、技术、服务等要素的配套半径过大；第二，缺乏与外商合作的产业链和产品基础；第三，服务能力弱；第四，缺乏高素质的技术人才。

（七）重外部招商引资，轻内资利用的问题

2006 年江西省实际利用外资 28.07 亿美元（约合 240 亿元人民币）。然而 2006 年，仅江西省金融机构存贷差就高达 1754 亿元，存贷差规模的扩大可以视为当地金融机构对其经济支持力度下降的信号。另外，截至 2006 年年底，江西省全省上市公司 25 家，而全国共有 1398 家 A 股上市公司。江西省 A 股上市公司占比为 2.00%，远低于全国各省（市、自治区）上市公司的平均水平；全国 A 股上市公司共融资 14793.1 亿元，江西省 A 股上市公司在境内 A 股股票市场共融资 141.34 亿元，占全国比为 0.96%，远低于全国各省（市、自治区）的平均水平。也就是说，我们花大力气从外面招来的是"小商"，却放走了自己省内和国内的"大商"。因此，我们要改变观念，引资不仅是引进外资，同时也要扩大本地金融机构信贷规模，推进本地企业上市融资、做大做强，积极引入中央大型国有企业在赣举办分公司。

据调查，江西省存贷差规模扩大的原因集中在四个方面：（1）银行与企业之间矛盾较大。一方面，许多银行不良资产巨大，商业化经营困难，从资金的安全性和有效性考虑，放贷比较谨慎，特别是对包袱较重、资产状况不良、信誉较差的企业基本不愿贷款，对企业长期拖欠利息十分不满。另一方面，企业特别是困难企业急需的资金难以从银行贷到，对银行怨气较大。银企关系的紧张状况，直接影响了金融信用关系，银企之间良性互动的正常关系没有建立起来。（2）融资渠道较为狭窄。江西省的融资渠道不够有效，省内资金融通不够畅通，国内外资金更不容易进来，并且出现大量资金外流。（3）金融活动不够规范。江西省的商业银行大都停留在计划经济下的资金运作和管理模式，在和企业打交道时，没有正确把握定位，把自己当成企业的"救世主"和上级部门，服务意识较差。

（4）银行服务水平不高，对很多新型融资工具、业务不熟悉。

（八）重道路、水、电等硬件建设，轻人才、文化等软件建设的问题

截至 2007 年年底，江西省高速公路通车里程已达 2058 公里，改造硬化农村公路 1 万公里，新增 2000 个通沥青（水泥）路村，完成国道省道改造 800 公里以上，建成赣江三级航道整治工程，全省交通基础设施建设投资规模达 177.8 亿元，交通基础设施建设实现了一个新的跨越。邮电通信、水利、电力等基础设施硬件建设也都取得丰硕成果。

然而，江西省的软环境建设则明显滞后，并成为招商引资的主要制约因素。调查中发现很多行业存在用人瓶颈，招不到人才。企业普遍感到高级人才和科技人员难招、难留，人才引进的门槛比较高，特别是对于没有中高级职称而企业又特别急需的技术人才、技术工人在优惠政策上还缺乏配套措施；在引进技术团队的政策上没突破，高素质人才落户难；本地农民工素质难以达到产业工人的要求。

优美舒适的人文环境、自然文化内涵、市民素质直接影响着对投资企业的人才服务、智力支持和投资热情。外商对与其在赣个人生活密切相关的生活方面的环境改善极为关注。空气质量、交通出行、出租车服务、子女就学、就医、生活便利、工作、居住场所环境等问题成为外商集中反映的热点。目前江西省的人文环境还欠优化，专业人才宁可放弃江西省的较高的薪金等待遇而就业于较低收入的发达城市如广州等，原因是看不到有更好的发展机会，同时也没有很好的生活居住环境。

（九）重维护稳定，轻创新开拓的问题

和谐的社会环境也是江西省一直以来具备的优势。但江西人多数追求安稳，习惯了规律的生活，企业家的自主创新意识不强，缺乏探索和冒险的勇气与魄力。

求稳怕乱、不敢闯、不敢试的思想障碍在各级领导班子和广大干部中的主要表现是：唯书唯上，出现"小鬼当家"的现象，一些部门的科室就可翻出条条款款来卡住经济发展的步子；怕出问题，怕承担责任，导致不敢闯、不敢越雷池半步；干任何事情都以"稳"为先，没有一点闯劲。

世界上的事情总是在按照自身的规律不断地变化的，稳是相对的，变化是绝对的。改革与稳定的关系并不是对立的，而是相辅相成的。改革是

促进经济社会发展的强大动力，也是调整各方面利益关系、缓解各种社会矛盾的有效措施。我们追求的是维护稳定而不是维护现状，不能为了短期的稳定而不敢去改革，忽视了长期的稳定。

求稳怕乱干不成大事业，因循守旧实现不了新跨越。我们要在新一轮激烈竞争中实现跨越发展，就不能用老办法解决新问题，不能用老思路引领新发展，更不能因为怕担责任、怕担风险而畏首畏尾、无所事事、无所作为。我们要放开手脚，勇于探索，大胆创新，在优化环境中有新思路、新举措、新办法、新招数，抢占发展先机，破解发展难题。

（十）重个体知名度改善，轻区域整体形象提升的问题

调查中发现江西省在外地人的心目中还是一个落后地区的形象，很多江西省的企业走出江西省时都要打北京或上海等发达地区的品牌。江西省投资环境知名度不高，区域形象欠佳，在周边地区和国家影响不大。实际上，江西省"物华天宝"，如万年贡米、南丰蜜橘、泰和乌鸡等，南昌"煌上煌"、中国新兴铜都——鹰潭等个体品牌在全国的知名度是很高的，江西省整体的形象却始终未在国内外确立起来。

实践证明，提升区域整体形象是一个地区在发展外向型经济中首先需要重视和解决的问题。尤其是在各地之间土地出让价格、劳动力成本、税收优惠政策等逐步趋同的情况下，形象已经成为投资商最为看重的关键条件，成为区域之间角逐的一个重要方面。

提升区域整体形象是涉及政治、经济、社会、文化等方方面面的系统工程，需要全省上下的广泛参与，各尽其力，各负其责；是伴随整个对外开放过程的长效工程，要系统规划而不能零敲碎打，要通盘考虑而不能各自为政，要长期坚持而不能忽冷忽热。因此，应将提升区域整体形象摆上重要日程，像重视招商引资那样重视提升区域整体形象的工作；应尽快制定江西省提升对外开放形象的总体规划，加强对各招商单位的引导，确保区域形象的对外统一性，避免在招商引资过程中"诸侯"作战，各树招牌，甚至为了局部利益夸大某些要素组合，从而给地区整体形象带来混乱；应坚持整体推进与突出重点相结合，重点抓好省城南昌区域整体形象的提升工作，使其真正成为外商走进江西省、感受江西省、投资江西省的一方热土；应认真学习和借鉴发达地区在提升形象方面的先进理念，以指导江西省的投资软环境建设；应组织专门力量就提升江西省区域整体形象

问题进行深入研究，当前，尤其应加强对提升形象与建设社会主义和谐社会、贯彻落实科学发展观的调查研究，从而使提升区域整体形象的过程成为促进江西省各项事业又快又好发展的过程。

第二节 问卷调查分析

我们采用抽样调查的方式，对江西省 11 个设区市中的南昌、九江、上饶、吉安、新余、景德镇 6 个设区市进行了座谈会式的问卷调查。此次问卷调查分管理部门投资环境和企业投资环境两部分：对管理部门共发放问卷 118 份，收回有效问卷 81 份，其中南昌 12 份，九江 15 份，上饶 20 份，吉安 13 份，新余 10 份，景德镇 11 份；对企业共发放问卷 136 份，收回有效问卷 113 份，其中南昌 14 份，九江 8 份，上饶 22 份，吉安 14 份，新余 22 份，景德镇 33 份。本部分所有数据均来源于此次问卷调查结果。

一 企业投资环境满意度分析

（一）企业基本情况

1. 企业所从事的行业。本次问卷调查有 73 家企业从事制造业，5 家企业从事农林牧渔业，4 家从事建筑安装业，3 家从事电力、燃气及水生产供应业，4 家从事房地产业，3 家从事运输、仓储及邮电业，5 家从事酒店、餐饮及娱乐业，1 家从事贸易金融业，1 家从事社会服务业，其中有 4 家从事两种行业，1 家从事三种行业，另外还有 20 家从事陶瓷、医药、化工、电子元器件等其他行业。可见，此次调查，制造业企业占大部分比例，有 64.6% 之多，涉及的行业领域范围较广，有 13 个以上行业。

2. 企业所有制类型。问卷调查结果显示，有 19 家企业为国有企业，占 16.8%；有 55 家企业为民营企业，占 48.7%；有 39 家企业为外商投资企业，占 34.5%。有近一半企业为民营企业，外商投资企业超过 1/3。

3. 投资来源地。问卷调查结果显示，资金来源有 33 家来自外省，30 家来自本省，11 家来自中国港澳地区，两家来自中国台湾，3 家来自欧盟，3 家来自美国，两家来自日本，3 家为本省与外省共同出资，1 家为本省与欧盟共同出资,1 家为本省与中国台湾共同出资,还有 24 家来自于其他地区。从中我们可以看出,被调查企业资金主要来源于外省、本省和中国港澳地区,中国主要贸易伙伴国资金来源较少。

4. 企业员工规模。问卷调查结果显示,有 16 家企业员工在 100 人以下,47 家企业员工为 100—500 人,21 家企业员工为 500—1000 人,16 家企业员工为 1000—3000 人,11 家企业员工在 3000 人以上,还有两家企业没有作答。从企业员工人数来看,被调查企业员工规模超过一半在 500 人以下,近两成企业员工规模在 500—1000 人之间,规模在 1000 人以上的企业占 24%。

5. 企业投资规模。问卷调查结果显示,有 49 家企业投资总额超过 1 亿元,占 43.4%,87 家超过 1000 万元,占 77%。由此可见,已在江西省落户的企业,其资金规模水平较高,为企业发展提供了较为强劲的资金后盾。

(二) 基础设施

从对基础设施的总体状况评价来看,有 14 人很满意,有 57 人较满意,27 人感觉一般,有 3 人不满意,有 1 人很不满意,还有 11 人未做答。具体情况如表 4 – 1 所示,表中单位为人数。

表 4 – 1 基础设施问卷结果 (绝对数)

评价项目	很满意	较满意	一般	不满意	很不满意	不太清楚	未做答
公路运输	17	44	30	5	1	2	14
铁路运输	11	39	27	12	2	4	18
港口及航运	5	24	24	14	2	15	29
空港及空运	5	32	25	10	3	11	27
邮电通信	19	48	22	4	0	2	18
电力供应	23	43	23	5	4	1	14
水供应	23	35	25	3	2	3	22
气供应	15	28	27	3	2	7	31
能源供应	15	29	43	7	1	2	16
环保设施	17	33	33	1	1	4	24
酒店及文体设施	11	36	28	8	3	3	24

资料来源:根据问卷调查数据整理。

由于对此问题的回答有"不太清楚"这一选项，我们将"未做答"的视为"不太清楚"，只考虑持"很满意"、"较满意"、"一般"、"不满意"以及"很不满意"各种态度人数占这5种态度总人数的比例（以下分析相同）。调整后的比率如表4-2所示。

表4-2　　　　　　　　　　　基础设施问卷结果（相对数）

评价项目	很满意	较满意	一般	不满意	很不满意
公路运输	0.175	0.454	0.309	0.052	0.01
铁路运输	0.121	0.429	0.297	0.132	0.02
港口及航运	0.072	0.348	0.348	0.203	0.03
空港及空运	0.067	0.427	0.333	0.133	0.04
邮电通信	0.204	0.516	0.237	0.043	0
电力供应	0.235	0.439	0.235	0.051	0.04
水供应	0.261	0.398	0.284	0.034	0.02
气供应	0.2	0.373	0.36	0.04	0.03
能源供应	0.158	0.305	0.453	0.074	0.01
环保设施	0.2	0.388	0.388	0.012	0.01
酒店及文体设施	0.128	0.419	0.326	0.093	0.03

资料来源：根据问卷调查数据整理。

从表4-1和表4-2可以看出，各地所在企业对当地的邮电通信、电力供应及水供应的满意度较高，对气供应、环保设施满意度一般，对港口及航运、空港及空运、铁路运输、酒店及文体设施、能源供应、公路运输满意度不高。

（三）经济环境

对经济环境的总体评价平均来看，有16人持很满意的态度，有29人持较满意的态度，有32人持一般的态度，有1人持不满意的态度，有7人不确定其态度，有28人没有作答。具体情况如表4-3所示，表中单位为人数。

表 4 - 3 经济环境问卷结果（绝对数）

评价项目	很满意	较满意	一般	不满意	很不满意	不太清楚	未做答
工程服务	16	31	33	3	0	6	24
管理咨询	16	25	30	3	0	10	29
市场调研	16	20	36	2	0	10	29
会计核算	18	34	27	0	0	6	28
法律服务	17	33	34	0	0	3	26
保险	17	35	28	1	0	3	29
信息技术服务	15	24	33	0	0	9	32
平均值	16	29	32	1	0	7	28

资料来源：根据问卷调查数据整理。

调整后的比率如表 4 - 4 所示。

表 4 - 4 经济环境问卷结果（相对数）

评价项目	很满意	较满意	一般	不满意	很不满意
工程服务	0.193	0.373	0.398	0.036	0
管理咨询	0.216	0.338	0.405	0.041	0
市场调研	0.216	0.27	0.486	0.027	0
会计核算	0.228	0.43	0.342	0	0
法律服务	0.202	0.393	0.405	0	0
保险	0.21	0.432	0.346	0.012	0
信息技术服务	0.208	0.333	0.458	0	0
平均值	0.205	0.372	0.41	0.013	0

资料来源：根据问卷调查数据整理。

从表 4 - 3 和表 4 - 4 可以看出，对各项经济环境评价项目持很满意态度的人占 20% 左右，持较满意态度的人在 27%—43.2% 之间，持一般态度的人在 34.2%—48.6% 之间，持不满意态度的人很少，持很不满意态度的人没有。

（四）政务环境

对政务环境的总体评价平均来看，有24人持很满意的态度，有39人持较满意的态度，有25人持一般的态度，有两人持不满意的态度，有15人不确定其态度，有18人没有作答。具体情况如下表所示，表中单位为人数。

表4-5　　　　　　　　政务环境问卷结果（绝对数）

评价项目	很满意	较满意	一般	不满意	很不满意	不太清楚	未做答
发展与改革部门	28	49	15	0	0	5	16
经贸部门	34	49	12	0	0	3	15
对外经贸部门	17	31	27	0	1	9	29
城建规划部门	23	36	33	2	0	3	16
规划部门	27	31	33	2	1	3	16
土地部门	27	38	28	4	1	2	13
环保部门	25	43	26	4	0	2	13
电力部门	27	36	33	3	1	2	11
工商管理部门	28	44	19	4	0	1	17
财政部门	25	48	22	1	1	3	13
物价管理部门	22	37	30	0	1	6	17
劳动和社会保障部门	24	42	26	2	0	1	18
质量技术监督部门	25	43	26	3	1	1	14
城管部门	21	32	30	3	1	7	19
交通管理部门	20	33	31	6	1	5	17
科技管理部门	22	36	26	3	0	8	19
卫生防疫部门	22	31	23	3	1	6	27
公安、消防部门	24	36	31	0	1	4	17
检察院法院	21	35	27	2	1	6	21
外事部门	22	38	21	1	1	9	21
地税部门	27	43	20	2	2	4	15
国税部门	30	42	18	0	1	3	19
海关出入境检验检疫部门	21	41	18	1	0	8	24
人民银行及外汇管理部门	21	40	22	0	0	10	20
平均值	24	39	25	2	1	5	18

资料来源：根据问卷调查数据整理。

调整后的比率如表4－6所示。

表4－6　　　　　政务环境问卷结果（相对数）

评价项目	很满意	较满意	一般	不满意	很不满意
发展与改革部门	0.304	0.533	0.163	0	0
经贸部门	0.358	0.516	0.126	0	0
对外经贸部门	0.224	0.408	0.355	0	0.013
城建规划部门	0.245	0.383	0.351	0.021	0
规划部门	0.287	0.33	0.351	0.021	0.011
土地部门	0.276	0.388	0.286	0.041	0.01
环保部门	0.255	0.439	0.265	0.041	0
电力部门	0.27	0.36	0.33	0.03	0.01
工商管理部门	0.295	0.463	0.2	0.042	0
财政部门	0.258	0.495	0.227	0.01	0.01
物价管理部门	0.244	0.411	0.333	0	0.011
劳动和社会保障部门	0.255	0.447	0.277	0.021	0
质量技术监督部门	0.255	0.439	0.265	0.031	0.01
城管部门	0.241	0.368	0.345	0.034	0.011
交通管理部门	0.22	0.363	0.341	0.066	0.011
科技管理部门	0.253	0.414	0.299	0.034	0
卫生防疫部门	0.275	0.388	0.288	0.038	0.013
公安、消防部门	0.261	0.391	0.337	0	0.011
检察院法院	0.244	0.407	0.314	0.023	0.012
外事部门	0.265	0.458	0.253	0.012	0.012
地税部门	0.287	0.457	0.213	0.021	0.021
国税部门	0.33	0.462	0.198	0	0.011
海关出入境检验检疫部门	0.259	0.506	0.222	0.012	0
人民银行及外汇管理部门	0.253	0.482	0.265	0	0
平均值	0.264	0.429	0.275	0.022	0.011

资料来源：根据问卷调查数据整理。

从表4－6可以看出，对各项政务环境评价项目持很满意态度的人占25%左右，对发展与改革部门、经贸部门与国税部门持很满意态度的人超过30%；持较满意态度的人在42.9%左右，对发展与改革部门、经贸部门与海关出入境检验检疫部门持较满意态度的人超过50%；持一般态度的人在27.5%左右，对发展与改革部门、经贸部门持一般态度的人比率较低，对对外经贸部门、城建规划部门与规划部门持一般态度的人超过35%；持不满意和很不满意态度的人很少，对发展与改革部门、经贸部门和人民银行及外汇管理部门持不满意和很不满意态度的人为0。

（五）政策环境

对政策环境的总体评价平均来看，有19人持很满意的态度，有42人持较满意的态度，有25人持一般的态度，有1人持不满意的态度，有7人不确定其态度，有19人没有作答。具体情况如下表所示，表中单位为人数。

表4－7　　　　　　　政策环境问卷结果（绝对数）

评价项目	很满意	较满意	一般	不满意	很不满意	不太清楚	未做答
劳动用工、保险制度	17	49	32	1	0	0	14
工会制度	20	45	28	1	0	2	17
环境保护条例	22	41	33	0	0	3	14
设备免税进口政策	21	40	14	1	0	13	24
出口退税政策	16	40	20	0	0	14	23
所得税减免政策	20	39	22	1	2	7	22
平均值	19	42	25	1	0	7	19

资料来源：根据问卷调查数据整理。

调整后的比率如表 4 - 8 所示。

从表 4 - 7 和表 4 - 8 可以看出，对各项政策环境评价项目持很满意态度的人占 21.8% 左右，其中劳动用工、保险制度最低，仅为 17.2%；持较满意态度的人在 48.3% 左右，其中设备免税进口政策和出口退税政策超过 50%；持一般态度的人在 28.7% 左右，其中劳动用工、保险制度和环境保护条例超过 30%；持不满意和很不满意态度的人很少。

表 4 - 8　　　　　　　　　　政策环境问卷结果（相对数）

评价项目	很满意	较满意	一般	不满意	很不满意
劳动用工、保险制度	0.172	0.495	0.323	0.01	0
工会制度	0.213	0.479	0.298	0.011	0
环境保护条例	0.229	0.427	0.344	0	0
设备免税进口政策	0.276	0.526	0.184	0.013	0
出口退税政策	0.211	0.526	0.263	0	0
所得税减免政策	0.238	0.464	0.262	0.012	0.0238
平均值	0.218	0.483	0.287	0.011	0

资料来源：根据问卷调查数据整理。

二　问卷调查反映出江西省投资环境存在的主要问题

从对企业的调查来看，对江西省投资环境的总体评价，有 6.2% 的人认为很好，有 61.9% 的人认为比较好，有 23.9% 的人认为一般，有 4.4% 的人认为不太好，有 0.9% 的人认为很不好，还有 2.7% 的人没有回答。由此可见，在企业心目中，江西省的投资环境还是比较好的[①]，但同时还存在一些问题。

---

①　但是考虑到我们只是对江西已经投资的企业进行问卷调查，这些企业在江西投资总是因为各种各样的原因，因此他们对江西投资环境的总体评价总是高于所有企业的平均水平的。

　　从企业角度来看江西省投资环境现存的主要问题，问卷调查结果显示，有52人认为是企业融资困难，47人认为是高层次技术及管理人才缺乏，37人认为是产业配套及规模性差，36人认为是审批办事手续烦琐以及招工比较困难，32人认为是交通运输不太方便，22人认为是企业费税负担过重，6人认为是社会治安状况差，5人认为是工资成本变动较大，3人认为是生活环境不舒适，还有3人没有作答。

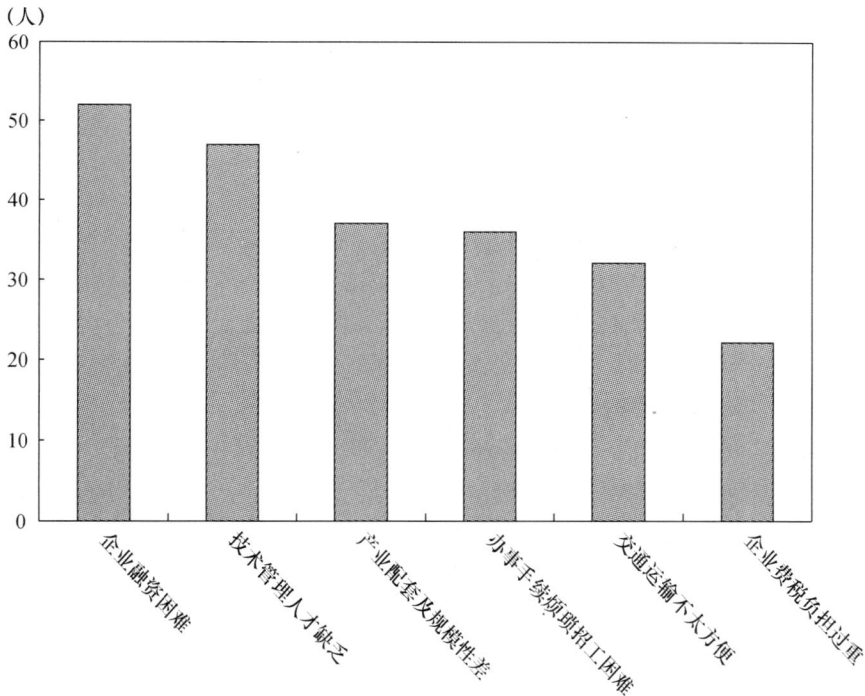

图 4 - 1　企业对投资环境不满意项排位

　　通过对管理部门的调查发现，最不满意的投资环境小项排名前5位的是土地供给、行政人员工作效率、政策执行力度、金融服务和依法行政，具体情况如表4-9所示，表中单位为人数。

（人）

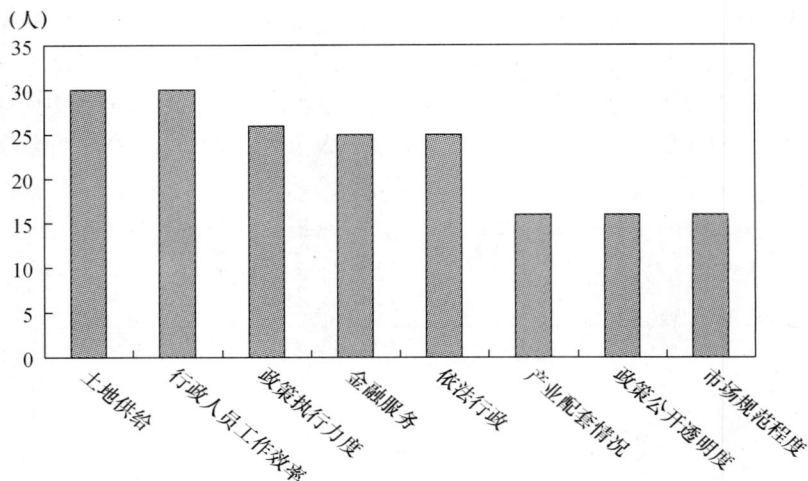

图 4 - 2　地方政府对投资环境不满意项排位

表 4 - 9　　　　　　　　　最不满意的投资环境小项统计

基础设施	土地供给	供水排水	电力供给	交通运输	邮电通信	供热供气		未选
人数	30	8	15	9	2	2		33
法制环境	依法行政	法院检察院工作		律师服务	仲裁服务	法律宣传		未选
人数	25	6		1	2	2		48
政策环境	政策制定水平	政策公开透明度		政策执行力度		投资优惠政策		未选
人数	7	16		26		9		35
行政环境	行政人员廉洁程度	行政人员工作效率		行政人员工作能力		行政人员服务态度		未选
人数	5	30		9		17		37
市场环境	市场开放程度	市场规范程度	产业配套情况	原料供给情况	市场销量	员工素质	金融服务	中介服务	未选
人数	10	16	16	3	1	6	25	8	29
社会环境	舆论环境	城市形象	商务接待	交通管理	市容卫生	社会治安	教育条件	医疗服务	未选
人数	12	10	3	12	2	13	4	8	40

资料来源：根据问卷调查数据整理。

注：表中基础设施有 13 人选多项，法制环境有 3 人选多项，政策环境有 11 人选多项，行政环境有 15 人选多项，市场环境有 18 人选多项，社会环境有 14 人选多项。

（一）企业融资困难与金融服务落后

问卷调查结果显示，55家民营企业中有42家通过商业银行贷款的方式来融资，占76％之多，19家国有企业全部通过内部基金或留成收益的方式来融资。融资渠道单一，企业融资难题突出，其发展必然受到限制，很难达到规模经济水平，从而不利于扩大企业产量，也难以降低企业成本，最终会影响到企业的盈利。此次调查结果显示，有26家企业资金规模在1000万元以下，占23％，有15家企业资金规模在500万元以下，占13.3％，有31家企业盈利状况较差。

金融环境有待进一步完善。一是金融结构单一，缺乏金融政策创新，银行贷款担保条件太高，民营企业贷款困难；二是金融服务的信息滞后，不能满足投资者的需要。

（二）高层次技术及管理人才缺乏

根据江西省人事厅的一份调查统计显示，2005年江西省的人才密度甚至低于2003年的全国平均水平：高层次经营管理人才、专业技术人才非常缺乏；人才的结构性矛盾十分突出，人才在区域、产业、所有制中的分布严重不合理；人才发展中制度性障碍依然存在，人才的作用没有被充分调动，大量潜在的人才资源有待开发；人才资源开发投入严重不足，政府、社会、个人的多元投资体制尚未建立。江西省各地由于自身条件的限制，外部高素质人才难以吸引过来，而自己培养的人才外流的现象却很严重，这就制约了其与外部资本、先进技术的结合。

（三）产业协作环境方面

产业协作环境一直是跨国公司和大型项目投资者所考虑的重要因素之一。江西省各地大多没有形成同类产业聚集效应，制约了外资的引进。主要表现在：第一，产业配套能力弱，原材料、零部件、技术、服务等要素的配套半径过大，增加了企业的经营成本。第二，缺乏与外商合作的产业链和产品基础。江西省各地的企业，规模小，布局分散，缺乏为外资企业配套的较完善的产业链和产品。第三，服务能力弱。受产业发展水平的限制，江西省各地信息、咨询、营销、会计、审计、评估、金融等方面的服务能力一时难以满足投资者的需要。

（四）政策环境方面

改革开放以来，政策的差异性导致了地区发展的不平衡，政策效力在地区经济发展中的作用已经被江西省所认同，江西省各地纷纷出台招商引资的优惠政策，也起到了一定的作用，但还存在不少问题。一是政策制定的科学性和透明性有待进一步提高。这是政策合理有效的根本保证。但不少地方政府在制定政策的过程中缺乏科学的政策制定程序，透明性不高，一些与群众生活密切相关的政策，在制定过程中群众的参与度低，甚至没有群众的参与。二是政策的权威性有待进一步提高。政策的权威性是政策不被扭曲并得以顺利执行的根本保障。但不少地方政府没有树立政策权威性的意识，如政策制定后不积极宣传，在执行的过程中，为了某些个人或部门的私利，相关政府部门歪曲甚至违背政策办事等。三是相关政策的可操作性有待进一步提高。由于市场经济体制还不够完善，不少改革措施仍然处于摸索阶段，这就使一些改革只有原则性的笼统的政策，缺乏具有可操作性的具体政策措施，从而使改革措施不能真正落到实处。如对于民间资本，中央和地方都是鼓励和支持其进入基础设施、公用事业和法律、法规未禁止进入的行业和领域，但是由于缺少操作性强的政策措施，民间投资的积极性并没有被充分调动起来。四是相关政策的稳定性、连续性有待进一步提高。固定资产投资特别是基础设施和公用事业领域的投资都是长期的，这就要求相关政策必须具有稳定性和连续性，降低投资者的政策变动风险。但是目前不少地方政府在吸引投资时，在优惠政策方面恶性竞争，不顾条件、不计成本，优惠条件不断变动，甚至出现朝令夕改的现象，这种政策制定的随意性，使较有规模的投资者望而却步。五是政策的平等性有待进一步提高。中国目前的体制基础是公有制和多种所有制经济成分共同发展，这就存在着一个政府在政策制定、执行上，对公有制经济和非公有制经济是否平等的问题。不可否认，目前这种不平等是存在的。如在行政审批上，一个民营的公交企业想要增加线路和车次，必须通过审批，但国有的公交企业则几乎可以随时增加线路和车次。六是政策的创新性有待提高。创新性差是中西部地区投资政策环境的另一个重要问题。中央的各种政策一般都是原则性的政策，各地区应当根据各自的实际情况在中央政策许可的范围内制定出操作性强的政策措施，但江西省各地的政策在很大程度上是照搬中央政策，缺乏创新。

（五）政务环境方面

政务环境的好坏直接决定着企业的运行成本。目前，江西省在政务环境方面也存在一些问题：一是行政决策较为随意，缺乏系统性、确定性。一些政策部门决策时急于出政绩，对各方面情况缺乏系统考虑，政策的随意性和不确定性导致政府公信度降低，使投资者难以达到预期效果，自然就容易失去投资信心或为了追求短期利益而不择手段。二是政府职能的"越位"、"错位"、"缺位"现象严重。一些政府部门不考虑自己承担的职能和角色，该管的没有管好，而把不该管的揽在手中。有些政府部门还常常既是"裁判员"又是"运动员"，甚至成为一些利益集团的代言人。三是政府部门办事效率低下。政府部门相互推诿的现象仍然不同程度地存在，另外，程序太多、手续烦琐也是政府部门办事效率低下的主要原因。四是腐败现象时有发生。有些官员利用自己掌握的投资项目及企业其他项目的审查、批准、年检等权力，直接或变相地向投资者伸手，使投资者感到惧怕而退却。五是依法行政观念不到位。个别行政部门仍然存在着有法不依、执法不严、违法不究的现象。有的甚至从部门利益出发，随意承诺又不守信用，给投资者留下"重承诺轻兑现、重签约轻履行、重招商轻服务"的不良印象。

第三节　江西省投资环境问题的深层原因分析

针对以上江西省投资环境存在的主要问题，可以从以下思想观念、体制机制上找到其深层次的原因。

一　观念上怯于创新，思想上紧迫感不足

优化投资环境差要在思想深层次找原因。经济的落后与思想观念的落后是对应的，制约江西省发展的思想观念因素主要有以下几方面：一是小农意识，小富即安，进取乏力。二是在思维方式上，循规蹈矩，不敢为人先。三是在实践上，对原有体制的"路径依赖"太强。四是受经济发展水平和传统观念熏陶的制约，官本位观念根深蒂固。一部分官员私心重，做事不从社会经济发展的大局考虑，而是从自身利益出发，从而阻碍了社会经济的发展。

"人人都是投资环境"的观念尚未在一些政府执法部门工作人员中形

成共识，"上通下阻，上热下冷"的现象还时有发生。企业家们反映，少数执法部门的工作人员优化投资环境的意识与省委、省政府的指导思想反差比较大，政府出台的改善投资环境的政策和措施在这些工作人员中有的贯彻执行还不到位。有的部门和执法人员缺乏优化投资环境的强烈责任感和紧迫感，缺乏服务的主动性和热情，甚至有的时候仅仅从部门利益出发，不能站在大局的高度和企业角度灵活制定政策、运用政策。由于思想还不够解放，导致了优化投资环境的思路难以拓展、手脚难以放开、障碍难以消除。

历史经验和先进地区的实践反复证明：思想解放的空间有多大，发展的空间就有多大，什么时候解放思想，什么时候就迎来大发展，哪个地方的干部群众思想解放，哪个地方的经济社会就有大发展。例如，江苏昆山既不是特区也不是沿海开放城市，既没有深水良港，也没有保税区，但昆山政府有一股勇为天下先的精神，不等不靠，敢闯敢冒，以"不特有特，特中有特"思想为指导，结合自身实际，抓住了上海浦东开发的有利时机，采取了许多重大的举措，不是特区胜特区，成为跨国公司和台商投资比较密集的地方，使经济建设迅猛发展。

这正是目前江西省所缺的，江西省多年来总让人感到"闯"的精神不足，"先行先试"的措施不多，不少部门办事，习惯局限于条条框框，缺少创造性地运用特区所承担的改革开放试验区作用，不少干部有畏难情绪，开创新局面的拼劲不足。昆山这种勇于争先的拼搏精神和经济迅速发展的事实，使我们深深感到江西省与昆山最大的差距在于思想观念创新。

目前，在思想认识上、舆论环境上，各级政府、党委、领导干部的紧迫感不如 2001 年和 2002 年。全民创业发展经济的热情、激情也不如那两年。对省委、省政府的重大决策，不能全面落实，既是体制问题、部门利益在作怪，又是我们工作不到位，执政为民观念不强，发展经济的责任感、紧迫感缺乏的综合表现。

干部群众之所以缺乏紧迫感，从思想层次上分析，主要存在五个问题：（1）新世纪以来，江西省经济快速发展，投资环境得到很大优化，现阶段有些干部有松口气，差不多得了的观点。（2）相当一批干部有疑虑：江西省到底能不能实现在中部崛起，在新的起点实现新跨越？是否实事求是？干部中普遍存在信心不足，疑虑甚至悲观情绪，所以缺乏紧迫感。（3）在目前国家宏观调控、规范管理、科学发展、依法治国的情况下，一些干部和政府部门借此为名，收权、强化管理、弱化服务，所以现在乱检查、乱摊派、乱收费、乱罚款越来越厉害了，企业不堪重负，管理越来越严，服务意识越来越淡。（4）现在一些领导干部在如何处理好既贯彻落实科学发展观、同时又加快江西省经济发展的关系问题上，觉得再抓经济为中心，就不是科学发展，就不是重视民生，就不是重视社会保障，甚至有一些干部以前是搞经济上的政绩工程，现在是搞民生上的政绩工程。（5）在优化投资环境上解放思想是一个常抓不懈的课题。2001 年、2002 年营造了一个很好的氛围，强大的舆论环境和对干部的压力，现在有所松懈，所以有些不正之风在重新抬头。

二　体制上的深层矛盾尚未解决，政策上缺乏持续创新

从政府部门层面看，改善外商投资环境一直是各级政府的重要工作之一，确实也花了很多精力，想了很多办法。特别是省、市政府及外商投资的主管部门。比方说，成立外商投诉中心、领导亲自为外商解决具体问题，等等。但是，要使环境真正得到改善，需要对江西省外商投资工作进行全面的深层的改革和创新，而不能头疼医头，脚疼医脚。从座谈会上反映的问题可以看出，10 年前外商反映的问题基本上和现在一样，而且每次基本上都是这些问题。这个现象应该引起有关部门的思考。事实是，政府对于吸引外来投资和如何改善投资环境缺乏一个总体政策和通盘规划，至今没有哪个部门专门去研究这方面的问题。

江西省作为中部欠发达地区，经济发展长期缓慢，财政拮据，各级政府官员收益较低。在责任增大的条件下，要解决收益与责任的不对称，只能选择机构扩张，把更多的领域控制在政府管辖的范围之内。"四乱"屡禁不止的原因在于：第一，多重收费源于机构改革中的机构重复设置。多一个机构，多一个环节，自然多出一个腐败的机会。这是"四乱"治理落不实的体制性障碍。第二，条块分割的体制矛盾仍然阻碍优惠政策的落实。近年来，体制上的条条管理似乎有强化的趋势，出于利益驱动的考虑，为开发区制定的优惠政策在操作中部门根本不去执行，这种现象在全省范围内都不同程度地存在。

江西省引进外资的思路基本上还停留在改革开放之初的水平，还是只

讲引进外资的数量规模，没有认真考虑如何真正改善外商投资环境。重招商、轻管理和服务，重数量、轻质量，重表面文章、轻实际效果。江西省缺乏统一的招商引资工作机构。发改委、经贸委、外经贸局、招商局各管一块。这种各自为战的工作机制，无法形成全市招商引资工作的整体优势和合力，也给外来投资者增加了许多不便。投资者在办理各种手续时常常摸不着头绪，浪费很多时间和精力。目前各地行政服务中心都能做到"一站式"服务，但授权有限，服务内容偏窄。而湖北黄州将公共资源（如土地招投标）和社会资源（保险、中介服务）都纳入行政服务中心；浙江省只要进入服务中心，所有的事情都能保证办好；江苏省市两级都成立了行政服务中心，大大方便了投资者。各地都竞相成立了招商局，但是从没有人考虑成立外商投资企业服务局，为外商投资企业提供服务。

固有的政策优势迟早是要枯竭的，政策体制的持续创新才是经济快速发展的主要因素。从对广东、福建等地的调研情况来看，能否对管理体制、政策环境、办事效率、法律环境等进行持续创新，成为影响投资环境的主要因素。调查发现江西省的干部普遍后顾较多，主动进行政策体制创新的意识不足，政策的持续创新既缺乏来自上层的系统支持，也没有引入工作层面和文化层面。

因此，要在力争现有政策稳定完善、用足用好的前提下，把工夫用在投资环境的全面优化上，既要不断改善能源、交通、通信等硬环境，更要努力改善体制、管理、服务、法律等软环境，做到干部放开手脚、政策持续创新，使之接近国际水平。

三　在如何做大支柱产业、拉长产业链上，政府缺乏顶层设计和战略思考

江西省投资环境还是停留在原来的低层次上，没有大的提升。缺乏围绕支柱产业、增大产业集群、拉长产业链、以商招商、产业招商的顶层设计来降低企业商务成本，提高企业运营效益，优化营商环境。实际上这比土地、税收优惠更重要。在东部加快发展、中部加快崛起背景下，江西省投资环境原来的传统的优势正面临全面丧失的危险（土地、人力成本、办事效率等）。

完整的产业配套和产业聚集可以降低企业的营运成本，提高运作效

率，也吸引客商进一步投资。江苏昆山在营造投资商长远扎根的投资经营环境过程中，细心打造完整的产业链就是其中一条关键措施，让跨国企业研发机构落户是昆山稳扎稳打的又一策略。虽然电子行业是江西省重点发展行业，但政府在打造完整的产业链以降低投资商营运成本方面缺乏完整构想，导致台商对高科技产业投资多集中在江苏昆山等地。

四　优化环境缺乏长效机制

经济发展环境是一个地方政治、经济、社会、人文发展水平的综合体现，是综合竞争力的重要标志，是经济发展的生命线。从这个意义上来说，环境问题的实质就是发展问题。只有具备了环境优势，形成"环境洼地"，才会有经济发展的"高地"。优化经济发展环境工作是一项长期、复杂、庞大的系统工程，不能一蹴而就，只有建立健全长效机制，做到工作经常化、制度化、规范化，才能确保取得实效。如果一曝十寒，时紧时松，就会前功尽弃，贻误战机。

要真正改善江西省的投资环境，不能只靠省委、省政府的努力，或某几个部门的努力，也不是靠一时一事的解决就能做到的。需要建立一个完善的长效的能够切实保障投资者利益的机制。比方说，颁布江西省的外来投资保护条例；建立外商投资服务局；培养一批合格的懂得和外商打交道的懂外语的政府官员；在新闻媒体上开辟专门的宣传外商投资企业的频道或栏目；设立专门的审理外商投资纠纷的法庭，等等。

通过这样的方式，彻底改变外商年年抱怨，政府年年忙于救火的状况。省委、省政府的领导也不再需要花费那么多精力，亲自处理外商的投诉，使江西省的外商投资环境得到真正的改善。调查中发现一个理智的投资者，最盼的是法规政策能透明，最怕的是"一企一策"、"特事特办"，而这正是江西省一直没有解决的问题。

第五章　优化江西省投资
环境的对策研究

第一节　优化江西省投资环境的
目标、原则与思路

一　优化江西省投资环境的总体目标

以科学发展观为统领，以新一轮的思想大解放为先导，深入贯彻党的十七大精神，围绕实现江西在中部地区崛起新跨越的目标，塑造"开放、创新、进取、诚信"的新江西形象，树立"解放思想、求新思变、开放开明、诚实守信、善谋实干"的新江西人精神，打造"法制环境安全文明、人文环境诚实守信、政策环境开放开明、政务环境高效快捷、人居环境舒适优美"的新江西发展环境品牌，使江西成为在全国的区位、市场、资源、文化、政策等方面优势明显的投资环境优良区，集聚资本、汇聚产业的强磁区，经济与环境和谐发展的示范区，承接沿海产业梯度转移的首选地、中部地区最具竞争力的投资热地，全民创业的成本洼地和招商引资的政策高地。

二　优化投资环境的基本原则

（一）坚持"立足省情、着眼长远"原则

优化投资环境既要从江西当前的基本省情出发，也要着眼长远，统筹谋划。江西作为欠发达地区的基本特征还没有发生根本性转变，这一基本省情决定了进一步加快江西发展、集中力量把经济搞上去，是江西上下目前面临的首要的、最大最紧迫的任务。同时，也要看到，经过若干年的快速发展，江西将进入全面小康社会阶段，因此在政策设计上要有前瞻性，未雨绸缪，统筹谋划。

（二）坚持"以人为本、科学发展"原则

要以投资创业者为中心，形成全民参与优化投资环境、人人都是投资环境的良好氛围，营造"亲商、富商、安商"的人文环境。坚持科学发展，就要对投资行为科学引导、对投资环境统筹优化，促进经济环境与社会环境协同优化，城乡经济社会和谐发展。要坚决抵制"黄赌毒"等破坏社会道德的项目，坚决抵制违背社会公平正义的开发项目，坚决抵制直接损害老百姓利益的经济行为。

（三）坚持"保护生态、绿色崛起"的原则

生态环境优美是江西最大的优势。要深入贯彻和落实科学发展观，坚持人与自然和谐发展，坚持资源开发与保护相结合，走绿色崛起、科学发展之路。在优化投资环境和招商引资工作中，要树立既要金山银山、又要绿水青山，金山银山就是绿水青山的理念，坚决控制高消耗、高污染企业的进入；要由招商引资改为招商选资，保护江西的绿水青山，避免走先污染后治理的老路，要坚持走生态型经济发展之路，大力发展生态经济，促进生态经济产业化、产业经济生态化，形成一条有江西特色的绿色发展、绿色崛起之路。

（四）坚持"引进创新和自主创新相结合"的原则

坚持用改革的思路、创新的思维推进投资环境优化。破除经验至上、因循守旧的惯性思维，坚持把创新意识、创新精神、创新举措作为推动经济社会发展的先导和动力。大力引进先进技术、先进的管理理念和先进管理经验，结合本省实际，解放思想，创新体制、机制，进一步克服和排除经济发展过程中的各种陈旧过时的思想观念、措施办法，增创环境新优势，建设环境新高地。

（五）坚持"项目拉动、系统优化、整体提升"的原则

优化投资环境必须坚持项目拉动、系统优化、整体提升的原则。投资环境的优化是一个系统工程，不仅在基础设施、园区建设等领域要优化环境，在政务和商务领域要优化环境，在人文、教育、金融、科技、人居、

休闲等领域也要系统优化环境，整体提升环境建设水平。要坚持局部与整体协同、硬件与软件协同、重点与一般协同、政府与民众协同，形成上下联动、左右协调、共同形成推进投资环境建设的整体合力。

优化投资环境还必须确立一些重大项目或重大工程，通过实施重大项目或重大工程，带动或辐射整体投资环境的提升。确立重大项目或工程，必须结合江西省实际，突出特色，坚持以"特"制胜。

三 优化投资环境的基本思路——实现七大转变

（一）由优化投资环境向优化发展环境转变

从产业落地、生根、成长的各环节来说，投资环境关注的是产业在本地区的落地环节，而发展环境则还关注产业落地后续的生根、成长的环节。因此"发展环境"的提法更为准确地反映了产业成长的规律，也更加符合投资主体的迫切要求。

（二）由优化单个企业的投资环境向优化支柱产业、产业集群的发展环境转变

过去江西省的投资环境建设由于底子薄、基础差，主要关注的是来赣投资的少数大企业，服务于单个企业的种种要求，往往费了很大力气，企业也很难满意当地的服务环境。现在随着支柱产业、产业集群的兴起，江西省已有条件促进点状企业向链条产业延伸，产业链条向块状产业集群发展。因此，围绕做大做强支柱产业，延伸产业链，壮大产业集群来优化投资环境已经成为当务之急。

（三）由只注重优化工业发展环境向生态农业、新型工业、现代服务业发展环境协同优化转变

改革开放以来江西省的经济增长主要是依靠工业带动的，优化环境的重点也是主要在于工业发展环境上，但这也导致了第一、二、三产业比例不协调，农业相对落后、第三产业发展不足等问题。

当前江西省实现经济增长正由主要依靠工业带动向生态农业、新型工业、现代服务业协调带动转变，这就要求我们必须坚持走新型工业化道路，巩固农业基础地位，大力发展金融、保险、物流、信息和法律服务等现代服务业，发展现代产业体系，实现生态农业、新型工业、现代服务业发展环境的全面协同优化。

（四）由主要以行政手段优化投资环境向综合运用法律、经济、技术、行政等多要素手段转变

江西省各级政府原先优化投资环境的手段十分单调，几乎主要依靠运用强制性行政手段，采取行政命令、"大运动"的方式优化环境。这种方式治标不治本，各级部门和企业缺乏对优化投资环境的深刻认识和主动性、整体性，因而优化环境效果短暂。现在政府需要跟上新时代的要求，综合运用思想解放、经济工具、法律保障、信息技术、组织制度和必要的行政手段实现目的，优化环境的手段日益多元化。

（五）由单方面优化投资主体的发展环境向同时关注并优化劳动者的生存发展环境转变

过去，由于经济发展落后，我们主要强调的是"亲商、安商、富商"，为投资主体营造更宽松的市场经营环境；现在我们不仅要强调"亲商、安商、富商"，还要重视"爱民、安民、富民"。"亲商"要在规范的基础上进行，要求企业要诚信经营、善待员工、依法纳税、保护环境、安全生产。"爱民"则要创造就业与创业的环境、搞好社会保障，促进企业善待员工，保障居民的生活权益，推动居民生活福利增长。

因此我们既要重视优化投资主体的投资环境，也要重视优化劳动者的生存、发展环境，解决打工者在就业、生活、医疗、保险、教育、子女入学等诸多方面的障碍，使劳动者的生存发展环境得到明显改善。

（六）由单纯优化经济发展环境向围绕经济建设这一中心，促进政治、经济、社会、生态环境全面优化转变

单纯优化经济发展环境已经不能满足投资者、生产者、定居者和旅游者的需求，在区域之间也不再具有投资环境的比较优势。必须坚持以人为本，紧紧围绕经济建设这一中心，促进政治、经济、社会、生态环境的全面优化，为促进经济发展和人的全面发展提供稳定、清廉、可预期的政治环境，提供安全安定，公平竞争的法治环境，提供高效便捷的政务环境，提供优质高效的科技、人才、金融、物流服务环境，提供高品位的现代城市生活环境、生态优良的人居环境、丰富多彩的文化环境、优质高雅的教育环境和充满活力和魅力的休闲环境。

（七）由局部优化投资环境向系统优化、整体提升投资环境转变

江西省对投资环境的优化，已由单向、局部的某项内容或某个领域

的，向全面的、整体的、全社会的环境优化转变。利用生态、保护生态、建设生态这一世界性话题愈来愈引起全省的关注。加强生态文明建设，统筹人与自然和谐发展，增强可持续发展能力，促进社会主义物质文明、政治文明、精神文明全面建设，已成为社会整体文明建设的需要，实现四大文明和谐发展已成为江西省社会各界的自觉行动。

第二节　优化江西省投资硬环境的政策建议

第三章中通过建立某一区域的投资硬环境指标体系，并利用统计学中的 AHP 方法，对中部、东部发达省份与江西投资环境进行了综合评价。得出评价结果后，本书对投资环境综合总得分，准则层、指标层各因子得分进行了逐层次的分析，甚至分析了具体操作指标的得分情况，挖掘出江西投资环境中的优势、劣势因子。再对优劣势因子做深入分析的基础上，本节将提出优化江西省投资硬环境的政策，应是立足自然环境与人文科教优势，以改进社会服务环境为首要任务，加快基础建设，实现投资环境四要素的全面提升。

一　以保护自然环境为前提条件

在投资环境的四个要素中，江西的自然环境最具优势，是著名的"江南水乡"和"候鸟王国"。比如，人均水资源高于全国平均水平；江西省的粮食自给有余，2006 年粮食总产量达 1896.52 万吨，大米出口量居全国首位，棉、油料、茶叶、柑橘、猕猴桃等经济作物在全国也有一定优势，在邻省中也居领先地位。2006 年年末，全省耕地面积 212.67 万公顷，有效灌溉面积 183.61 万公顷。全省林业用地面积 871.69 万公顷，活木蓄积量 3.54 亿立方米，全省森林覆盖率 60.2%，居全国第 2 位。全省有淡水面积 2500 万亩，居全国第 3 位。北部的鄱阳湖是我国最大的淡水湖，也是全国著名的"鱼库"。全省有淡水鱼 170 多种，经济价值较高的 30 多种，1997 年水产品产量已超过 115.08 万吨。

为了充分利用这一优势，我们首先要保护好江西的青山绿水，这是建设资源节约型和环境友好型社会的必然要求，也是化解资源环境约束，提高经济增长质量和效益，实现可持续发展的必由之路。江西省应遵循自然规律和经济规律，以可持续发展为目标，把生态环境建设与经济发展紧密联系起来，对于省内的丰富自然资源，应合理开采，充分利用，避免浪费，防止污染，这同时也是在为外商和我们的子孙后代营造一个适宜生存的环境，进而形成可持续发展的良性循环。为此应大力发展循环经济，按照减量化、再利用、资源化和无害化的原则，突出工业、交通和建筑三个重点领域，大力推进节能、节材、节水、节地和资源综合利用及清洁生产等重点工作。大力发展低耗能产业，限制高耗能产业。引导和支持企业走市场化、专业化的道路，加快重点用能产业的改造，落实节能目标责任制和实绩评价考核制度。

同时，可顺应国际上正在兴起的绿色消费浪潮，打好"绿色牌"，加快发展绿色食品的深加工、保鲜、贮藏技术，促进绿色食品工业的规模经营。营销"水稻文化"，建立生态农业大省。

二　以提高经济发展水平为核心任务

从前两章分析我们可以得到：经济发展水平是决定外商直接投资的最重要的因素，而江西省这一指标明显落后于中部各省。因此为积极引导外商直接投资投向江西，应以大力提高江西的经济发展水平为核心任务。

首先，江西经济规模偏小，经济整体实力落后是不争的现实。只有先把自己做大做强，才能发挥更大的集聚效应。为此应大力研究开发、引进应用先进的科学技术，承接国外以及东部产业大转移的趋势，争取较大规模地采用先进技术设备改造传统产业，用发展的眼光培育新的经济增长点，打开结构调整和战略性改组的新思路。同时，借当今高新技术迅速发展之机，盘活原有的企业资源，适时、适地地建立起高生产率的新兴产业，努力形成新的企业集团和产业群，抱团发展，实现规模经济效益。

其次，产业结构上要调优、调强第二产业，坚持走新型工业化道路。任何区域和城市的发展都有阶段性，不同的阶段有与其相对应的产业结构要求。江西省目前处在由欠发达向发达地区过渡的发展阶段，这一阶段的产业发展重心是第二产业的升级优化，这也是江西省原有产业结构的不足。江西虽然具有一定的工业基础，但相比其他发达省份，工业基础并不雄厚。在新一轮的产业结构调整中，应加快实现原材料工业向深加工工业，资源密集型和劳动密集型产业向技术密集型产业的转化，围绕优势产业与优势产品延伸产品链，提高附加值，实现产品高加工度化，大力推进科技进步与技术创新，全面提高工艺、装备的技术水平，加速产业高技术化，大力推进产业组织结构调整，努力提高产业的集中度，实现产业规模化和集约化。强化并提升生产性服务业的功能，借助于生产性服务业的发展，加快推进工业对服务业需求结构的改善。尤其要依托仓储优势，在降低成本、节约资源的前提下大力发展第三方物流，以促进江西第三产业整体协调发展。

最后，进一步扩大市场开放度，改善金融服务质量，完善江西市场体系。要针对不同个体市场的缺陷，实行不同的举措来建立和健全统一、开放、竞争、有序的现代市场体系。一个健全的市场体系，不仅便于各地投资者从当地市场取得生产经营所需要的多样化的各种资源，而且可以使之降低资源采购和产品运输的成本，提高获利水平。

另外，不仅是国外资本，同时江西对国内投资者也应实行同样的优惠政策，排除歧视，继续优化产业结构，使江西能有效地参与国际国内的分工与合作，提高其竞争能力和应变能力，尽快实现其与全球经济的大融合，在产业价值链中发挥自己的比较优势。

三　以加快基础设施建设为首要环节

基础设施是涉及经济增长、环境保护、生活质量、社会可持续发展的基础性产业，它在一个国家或地区提升经济实力和市场竞争中的地位和作用受到各国政府和经济学家的重视。加强基础设施建设有利于一个地区提高资源配置效率，保持经济持续稳定的增长，符合科学发展观的要求。在工业经济时代，交通运输等基础设施是工业经济持续快速发展的基本条件；在信息经济时代，以通信、计算机、网络为代表的技术基础设施是信息经济发展的前提和基础。

江西的基础设施建设长久以来落后于经济发展。江西省在与中部五省的评分对比中最为落后。特别是交通设施和邮电通信，已经成为制约江西省投资环境改善的关键。当前，要以交通设施建设为先导，加快完善能源、仓储物流和水利等服务设施和产业配套条件的步伐。进一步完善交通网络，对接周边省份，建成将全省大中城市、重要城镇相互连接的以高速公路为主骨架的公路交通网络。同时要主动适应经济发展新趋势，坚持用先导性标准发展信息技术基础设施，重点加快构建区域信息网络。江西省应该重视发展网络设施建设和网络知识全面义务培训工程，加快电脑入户、上网的步伐，进一步降低上网的各项费用；积极发展电子商务，鼓励各类企业网上交易和城乡居民网上购物，加速推进工业经济时代向网络经济时代转变，充分利用和发挥江西省的后发优势，为跨越式发展创造条件。

四　以改进社会服务为根本保障

社会服务方面成为影响整体投资环境的越来越重要的方面。经过30年的改革开放，中部各省之间的投资环境如交通、能源、通信设施，虽有差别，但已差别不大。近年来，各省都很重视招商引资，都纷纷推出很多引资方面的优惠政策，因此政策方面的吸引力也逐步趋同。社会服务环境成为吸引投资的重要环境因素。湖南的情况可以明显地说明这一点：湖南的投资环境综合得分为中部第一，其突出的优势在于社会服务环境的优势显著，自然环境、经济发展水平有一定优势但不明显。湖南近年来大力发展第三产业，重视对社会服务环境的改善，因此湖南的社会服务环境因子得分很高。对于湖南、江西来说，两者的投资环境处于同一层次上，经济发展水平、科技教育水平相近，地理区位也差不多。但湖南的投资环境综合得分要远高于江西，处于中部第一的位置，这和湖南社会服务环境目前表现出很大的优势有关。改善社会服务环境不像改善基础设施、经济条件，需要大量的资金投入并需要长时间的建设才能见效，相比后者来说，应该更容易做到。湖南的发展经验很值得江西学习借鉴。

需要强调的是，在社会服务环境中，科教发展程度具有突出的地位。江西自古有"人杰地灵"的盛誉，这为实施科教兴赣战略创造了良好条件。应按照总体跟进，重点突破的原则，通过建立尊重知识、尊重人才机制和体制，大力引进和培育高科技人才，提高人力资源开发效率。进一步发展壮大教育培训体系，加快人才培养步伐，努力创造人尽其才的体制和机制环境，高效开发人力资源。以体制创新为动力，建立门类齐全的教育培训体系，促进劳动者素质的全面提高。鼓励高等院校、科研机构和企业聘请国内外一流专家学者参与本单位的科研和教学活动，加快经济建设的步伐，促进科研水平的快速提高，达到"不求所有，但求所用"的人力资源开发目标。

五　统筹兼顾，实现投资环境四要素的全面提升

从表 3 - 8 和表 3 - 11 投资环境评价的准则层得分来看，湖北在中部六省的投资环境综合得分中排名第二，从图中可以看出湖北并没有特别突出的优势，但四个指标的得分情况都处于中上水平，说明湖北的投资环境各方面的情况是均衡发展的。而河南在中部六省的投资环境综合得分中排名第三，主要是因为其经济发展水平明显高于其他中部省份。江西得分低，主要是因为自然环境要素太差，虽然经济发展水平比较高，但综合起来也只能列居中部六省最末。根据钟友明和彭道宾在《中部六省综合竞争力比较研究》中对中部六省做了 6 个主要年份的经济竞争力的分析，从历年中部省份得分的情况来看，湖北长期居于前两名的位置，综合竞争力变化比较平稳，很少有波动的情况出现。钟和彭的《中部六省综合竞争力比较研究》还表明中部六省中江西、山西、河南 3 省的变动区间较大，1978 年江西投资环境名列中部六省第一，2001 年就到了第六。江西1978 年第三，2001 年第五。表明三省综合竞争力发展的稳定性和持续性较差。根据本课题的研究，结合钟和彭的研究可以分析出，投资环境综合竞争力要稳定地上升必然要求各方面的要素全面提升、改善。

值得注意的是，鉴于自然环境并不占优势的东部省份吸引了国内国外大部分的投资，可见自然环境对于投资者的选择来说，毕竟不是最重要的因素。虽然江西有很好的自然环境，但也不能仅依靠自然环境。在打好自然环境牌的同时，政府应该以提高经济发展水平为核心，并加大对基础设施的改造、新建投入力度，实施"以工业化为核心"的战略构思。同时，着力优化社会服务环境，保持社会稳定，改善商务、医疗条件，加大对科教的投入。总之，只有影响到投资环境的四个方面均衡发展了，投资环境的优化才具有稳定性和可持续性。因此，江西在致力于优化投资环境时，要统筹兼顾、协调均衡这四个方面的关系。

第三节　优化江西省投资软环境的政策建议

随着改革开放的不断深入，所有省市的政策差异进一步缩小，靠优惠政策扩大开放的优势明显减弱，必须把着眼点从依靠政策为主转向以创造一流的投资软环境为主上来，以形成对外开放的新优势。根据江西省投资软环境建设的现实情况，提出以下建议。

一　深化行政审批制度改革，创造一流的政务环境

环境决定发展，政府创造环境。政府作为管理国家经济、社会事务的执行机关，与企业和老百姓的关系最密切，在环境建设中扮演着重要角色。虽然江西省在行政管理体制改革中已迈出了可喜的步伐，但是政府在职能转变上的任务仍很艰巨，必须把规范政府行为，提高行政效率作为投资软环境建设的关键抓实抓好。政府要切实转变职能，摆正位置，不能既"吹哨子"又"踢球"。政府的职能应当转到经济调节、社会管理和公共服务上来，把投资决策权和生产经营权交给企业，把社会可以自我调节和管理的职能交给中介组织，把群众自治范围内的事务交给群众自行依法办理。

改革行政审批制度是转变政府职能的一项重要内容。要着力解决以审批代替管理的问题，改变部分行业中存在的"管理就是审批、审批就是收费"的现象。对不符合政企分开和政事分开原则、妨碍市场开放和公平竞争以及实际上难以发挥有效作用的行政审批，要坚决予以取消；可以用市场机制代替的行政审批，要通过市场机制来运作。在可能的情况下，应尽快将有关审批项目转为核准制。完善行政审批程序，坚决纠正"重实体、轻程序"的倾向。要合理划分和调整部门和岗位之间的行政审批职能，简化程序，减少环节，加强和改善管理，强化服务，提高办事效率。

建立行政审批责任追究制度。按照"谁审批、谁负责"的原则，在赋予行政机关及审批人审批权时，规定其相应的审批责任，明确行政审批每一环节的权限和责任。对于审批事项审批后的监督也要实行监督责任

制，明确规定负有监督职责的部门和人员，赋予监督部门和人员依法监督权，并规定其相应的监督责任。对不依法履行监督责任或监督不力、对违法行为不予查处而造成严重后果的，行政审批主管领导和直接责任人员应承担相应行政责任或法律责任。

二 切实减轻企业负担，创造一流的企业经营环境

近年来，随着江西省市场经济的不断发展，企业负担过重的问题也日显突出，应该引起我们足够的重视。政府有关部门应进一步规范对各种收费、检查的管理，为企业创造透明、稳定和低成本的经营环境。

要切实加强对行政事业性收费和经营服务性收费的管理。对现有各类收费要进行全面清理，取消不合法收费，严格执行国家和省市区规定的收费项目和收费标准。全面实行收费公示制，公开收费内容和标准，简化收费方式，增强行政事业性收费的透明度。加大对企业收费的监督、检查力度，防止乱收费、乱罚款、乱摊派，对擅自设立收费项目、提高收费标准、超范围收费以及以保证金、抵押金等方式变相收费等行为，要依法从严查处。应加强和完善公用事业价格管理，推行公用事业价格听证制度，建立成本约束机制，降低水、电、燃料等价格。

严格控制政府部门对企业的检查评比活动。省政府应该对面向企业的检查评比活动进行统一管理。未经核准的检查评比，企业有权拒绝。对企业的行政检查，同一部门不应进行多级重复检查或同一项目多次重复检查，以免干扰企业的正常生产经营秩序。

三 文明公正执法，创造一流的法治环境

行政执法队伍及其人员作为行政执法的主体，能否依法行政，文明公正执法，在法治环境建设中具有决定性意义。当前，多头执法、重复执法、以罚代法、粗暴执法，甚至贪赃枉法的现象依然存在，群众对此反映比较强烈。因此，政府有关部门必须严格管理行政执法队伍，规范行政执法行为，提高执法人员的整体素质，塑造执法队伍的良好形象。

实行执法人员持证上岗制度。所有行政执法人员上岗前必须经过学习培训和执法资格考试，不合格者不予发证，不持证者不能执法。应将那些不适宜行政执法的人员调整出执法队伍。临时聘用的合同工、临时工一律

不得从事行政执法工作。要进一步完善行政执法错案追究制度。对执法犯法、徇私枉法的执法人员以及其他相关责任人员，要严肃查处，追究责任。

四　建立健全信用制度和信用体系，创造一流的人文信用环境

诚信，既是社会主义市场经济的一大基石，也是发展投资软环境建设的客观要求，关系到江西省社会经济发展的根本大局。要坚持一手抓整顿和规范信用秩序，一手抓建立健全信用制度和信用体系，在全社会大力营造诚信氛围。

（一）加强政府信用建设，提高行政公信力

1. 建立行政决策的社会咨询机制，健全和完善政府决策程序，提高行政决策的科学化、民主化、法制化水平，克服行政行为的随意性。

2. 继续完善、推广政府采购、价格听证、信息公示、公开承诺等政务公开制度，拓展联系群众的渠道。

3. 深化行政审批制度改革，削减审批事项，减少审批环节，简化办事程序，提高行政效能。

4. 继续完善行政监察、行政投诉制度，加强监察部门、社会、企业和广大人民群众对行政机关和公务员的监督力度。

5. 加强公务员诚信教育，建立行政过错责任追究制度，强化内外监督，改进机关作风，规范公务员行为。

6. 坚持依法行政，加大执法力度，改进执法环境，提高执法水平，做到有法可依，有法必依，违法必究。

（二）加强企业信用建设，推动企业走诚信经营道路

1. 应借鉴兄弟省市成熟经验，建立江西省企业信用信息系统。企业信用信息系统以省、市工商行政管理部门的企业登记注册信息和日常监督管理信息为基础，以省、市财政、审计、税务、工商、质监、公安、司法、民政等部门提供记录的各类企业信用信息为内容，为各级政府各部门监督管理企业行为提供依据，逐步实现部门监控信息的互通互联，建立综合的企业信用风险预警、传递、管控机制和责任追究制度。企业信用信息系统的建设工作应由省政府统一领导，各级政府有关部门和单位参加，遵循共建共享原则，通过政府网站及各有关部门工作网站，为社会各界查询

企业信用信息提供服务。

2. 积极引导信用服务中介机构建立企业信用数据库，开展信用信息咨询和信用评级活动，逐步建立企业信用记录、信息征集、信用评价、信用信息咨询服务等的社会化网络体系。

3. 继续清理整顿中介机构，严厉打击非法中介机构和违法违规的中介活动，建立完善有关规章制度，规范中介机构行为，提高公信力。

4. 积极引导、教育各类企业树立信用意识，建立对企业经营者定期教育培训制度，帮助企业增强信用意识，自觉维护企业信用；引导和帮助各类企业建立健全能够强化企业自身信用的各项内部激励、约束机制。

5. 试行企业经营信用记录公示制度。有关部门通过政府网站，向社会公众提供网上企业经营信用信息查询服务，并将认定的经营信用良好的企业和经营信用不良的企业在网上向社会公示。

（三）建立个人信用体系，夯实全社会信用基础

坚持思想教育、舆论监督和制度建设并举，大力开展诚实守信的思想道德、社会主义市场经济伦理知识和职业道德教育，形成全社会强烈的信用意识和文化氛围；要通过大众媒体宣传、表彰守信誉、讲信用的先进典型，对破坏市场信用的企业及个人，要严厉批评、曝光，提高舆论、社会监督的力度、水平，使不讲信用者无处藏身，寸步难行；要尽快研究制定包括数据采集、披露、评估、使用、保护、监管等方面的个人信用联合诚信制度，促进个人信用体系的建立和规范完善。

（四）建立和完善失信惩治、守信奖励的机制

1. 加强部门间的协调、配合，实行对失信的联合惩治。对严重的失信行为，各有关部门要采取社会、行政、经济、法律等综合惩治措施，依法公布、曝光或给予行政处罚、经济制裁，特别恶劣的，要坚决追究失信者法律责任，提高失信成本，使失信者得不偿失。

2. 对守信用的企业和个人，可在工商注册、税务等方面给予优先、便利或一定形式嘉奖，以促进形成守信受益的社会局面。

（五）加快信用体系的电子化建设步伐

要充分利用计算机和网络等现代化工具，逐步实现信用信息体系网络化和社会化，并确保信用信息规范、准确、完整、适时。要按"统一规

划、联合共建、互联互通"的原则，尽量利用各级政府及有关部门现有的网络和信息资源，避免一哄而上、重复建设。

五　制定发展软环境评估考核制度，形成软环境建设的长效机制

投资软环境建设是一个长期和动态提升的过程。制定发展软环境评估考核办法，可以避免以往监督检查工作中存在的短期性、阵风式、难以持久的弊端，把它纳入常规化、制度化、科学化的管理轨道，有利于促进各部门改进作风，积极参与软环境建设。

我们认为，对江西省投资软环境建设评估制度的建立，应突出转变职能，依法行政，创造公开、公正、廉洁高效的行政环境；规范市场秩序，创造统一开放，公平竞争的市场环境；依法保护外来投资企业合法权益，规范行政执法，创造完备的法制环境以及规范各项收费制度，清除三乱，创造企业良好的经营环境等方面的内容。

首先，应建立分层次评估考核指标体系。区政府应制定发展投资软环境评估考核指导意见，对由谁评、评什么、怎么评等基本问题做出规定；政府各部门根据指导意见编制本部门的评估考核指标体系。

其次，应明确评估考核主体与程序。应采取行政部门自评、社会评议、主管机关评审三结合的办法。政府部门定期进行自我评估，提出评价报告；社会（管理相对人）对发展投资软环境状况提出评议意见；主管机关组织评审组对自查报告进行评估考核，提出评审结论报告。

最后，对投资软环境建设的优劣状况必须采取相应的奖惩措施，形成监督约束力。对优良单位进行表彰，对差的单位要责令限期整改。评审结果应作为单位主要领导使用的重要参考依据。

第四节　优化江西省投资环境的具体措施

一　以两大试验区带动全省投资环境的系统优化和整体提升

把申报、建设国家级"环鄱阳湖生态经济试验区"和"江西生态农业与社会主义新农村建设试验区"作为优化江西省投资环境的重大项目来抓，实现江西省投资环境的系统优化、整体提升。

申报建设国家级"环鄱阳湖流域生态经济试验区"的出发点和立意很好。但考虑到鄱阳湖流域覆盖了几乎江西全省，国家要批准建设这一试验区，意味着国家要把整个江西省同时都作为国家重点省区来进行重点扶持和重点投入。从目前江西省经济发展水平、经济总量在全国的地位和影响看，从国家区域经济发展的布局和产业发展政策看，申报成功的难度很大，也很难得到全国其他兄弟省份的理解和支持。建议调整一下思路，分两步走，同样可以实现这一设想的预期目标：

第一步，先将南昌、九江、景德镇、上饶、鹰潭、抚州等环鄱阳湖地区申报、建设成为国家级"环鄱阳湖生态经济试验区"。这一举措符合科学发展观的要求，符合温总理对江西省委、省政府关于保护好江西的绿水青山、保护好鄱阳湖这一全国最后一湖清水的嘱托，也符合充分发挥江西省绿色生态这一最大优势，整体提升、优化江西绿色生态品牌和形象的目标。因此，这一项目申报完全可能获得国家的批准。

第二步，将吉安、赣州、萍乡、宜春、新余等地区作为国家级"赣中南生态农业与社会主义新农村建设试验区"，向国家申报并同样有可能获得成功。理由有三：（1）江西是我国水稻农业生产大省，具有中国南方农业生产的几乎全部特征，在全国也具有明显的比较优势。（2）吉安、赣州、萍乡等地都是老革命根据地，为中国革命战争的胜利所做出的贡献和付出牺牲是其他地区所无法比拟的。同时江西又是中央促进中部崛起政策支持区域范围内的中部省份。因此，把赣中南地区作为生态农业和新农村建设国家级试验区，为中央给江西特殊的政策支持，更好的制度安排和更多的财政扶持提供了合情合理合法的依据，也比较容易得到中央各部委及各兄弟省份的理解和支持。（3）从落实科学发展观、实现城乡统筹发展、解决"三农"问题角度看，国家设立了各种试验区，但唯独还没有批准设立一个"生态农业与社会主义新农村建设试验区"。如果江西率先申请，获得批准的可能性是存在的。

两个试验区如果能够先后申报成功，既能实现全省的区域覆盖，又能实现绿色生态江西建设目的。通过两个国家级试验区的建设，实现南北对接、东西联动，从而把全省都放在绿色生态省、绿色生态经济、绿色生态文明建设这样的高度来看待、来建设、来发展，使江西率先建设成为全国

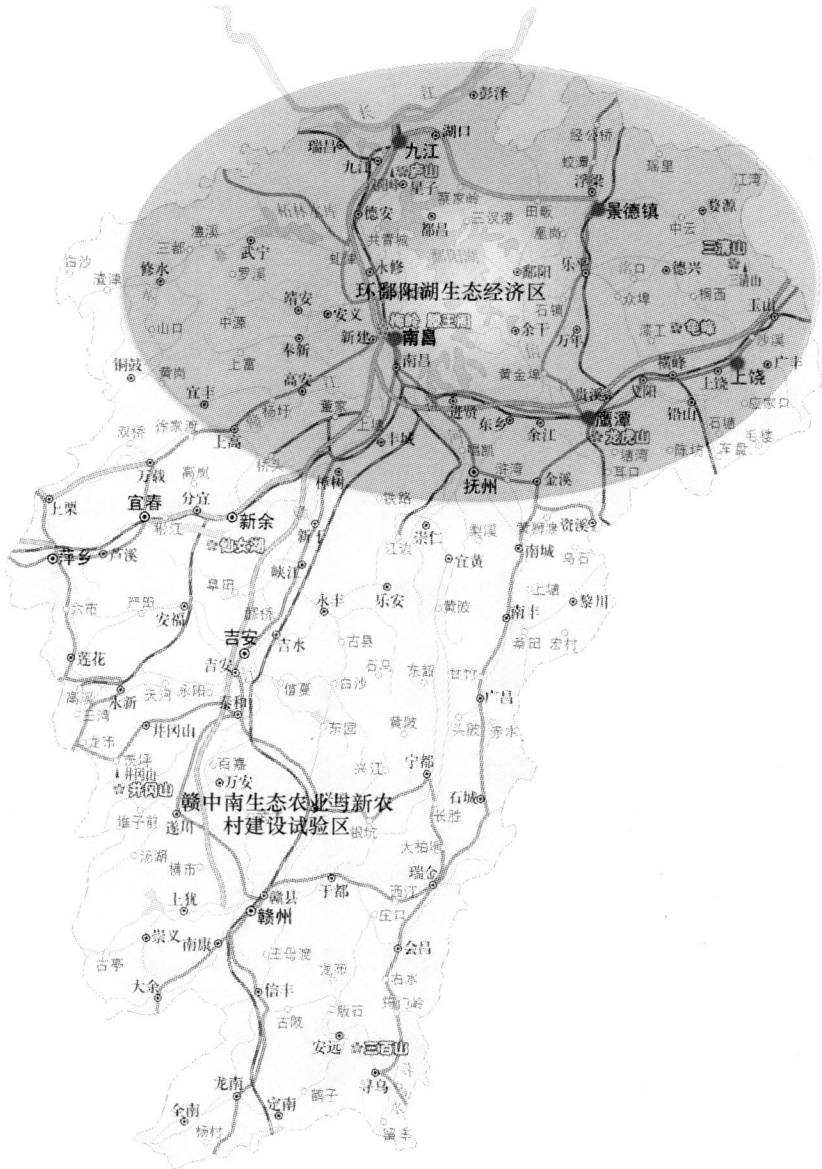

绿色生态优势省、生态经济品牌省、生态文明建设示范省。

建议省委、省政府将这项工作作为落实科学发展观，系统优化、整体提升江西投资环境，从根本上提升江西品位、改善江西形象，提高江西在区域经济发展中的吸引力、影响力、竞争力，促进江西经济社会又好又快发展的重大战略举措和重大项目来全力推进，力争取得成功。

二 大力推进优化江西省投资环境的"八大工程"

（一）大力实施"绿色生态江西工程"，打造绿色投资发展环境

1．建设思路。牢固树立良好的生态环境是江西"最大的财富、最大的优势、最大的潜力、最大的后劲、最大的品牌"的意识，坚持生态立省、绿色发展战略，坚持在集约利用资源中求发展，在保护生态环境中谋崛起，运用系统工程方法，推进绿色生态江西建设，提升江西可持续发展能力，努力把江西打造成绿色生态优势省、生态经济品牌省、生态文明建设示范省。

2．主要措施。具体有以下几个方面：

（1）推进两大国家级示范区的申报和建设：江西不仅要加快发展和崛起，更重要的是通过保护生态环境，实现绿色崛起、绿色发展。因此，要着力推进两大示范区的建设，即环鄱阳湖生态经济区、赣中南现代生态农业和社会主义新农村建设试验区。有顺序地积极争取国家对这两个示范区的支持，争取打造成国家级试验区，通过上升到国家战略层面，争取国家包括生态补偿在内的各项政策的扶持，从而吸引海内外资本的聚集。通过大力扶持这两大示范区的发展，带动和辐射全省生态产业的整体发展，铸造一批生态品牌，使江西成为全国生态产业发展的先行区、示范区。

（2）完善生态保护的政策措施和长效机制。加强生态立法；建立节约资源、保护环境的目标责任制和行政问责制。把好项目准入关，严格实行"七个不准"；精心实施环境保护十大工程；开展污水零排放、污染物零排放、有毒有害气体零排放的七项"专项行动"和五个"零排放"措施。做到"三个坚决不搞"，即严重污染环境的项目坚决不搞，严重危害人民生命健康和职工安全的项目坚决不搞，黄、赌、毒的项目坚决不搞。强化资源有偿使用和污染者付费政策，建立生态环保的公共财政政策，将绿色生态工程建设列为市县六大考评体系之一。

（二）深入推进"行政提速"工程，营造廉洁高效的政务环境，树立全方位的服务意识

1. 建设思路。在优化政务环境上解放思想，要用企业家的精神来改造政府，以提高政府公信力和执行力，提升地方"软实力"为重点，继续深化行政审批制度改革，规范政务行为，推进服务创新；坚定不移地推进政府效能建设，着力提高行政人员的综合素质，提高行政服务水平；大力推广首问负责制、限时办结制，着力发展电子政务。在全省范围内形成优化投资发展环境的紧迫感和持久压力，形成务实高效廉洁的政务环境。

2. 主要措施。具体有以下几个方面：

（1）要认真梳理现有各项政策，不折不扣抓落实。一是保证政策的稳定性和连续性，尤其是要认真履行各种承诺，不要因为领导的变迁而改变，不要因双方关系的变化而改变政策。二是针对当前优惠政策多、落实不到位的现状，特别是企业引进过程中各地比拼优惠政策的行为，重点对优惠政策进行梳理，出台统一的、可操作的经济发展政策，在此基础上加大政策的落实力度，做到全面、有效的落实。

（2）结合实际大胆创新，努力探索优化投资发展软环境的各种办法和措施。要着力拓展新思路，借鉴新方法，实现新突破。在不违反国家法律法规的前提下，结合实际，制定灵活的政策和措施。凡是国家政策没有限制的，要变通、开绿灯；凡是外省行之有效的，要学习并借鉴；凡是符合江西实际，对发展有利的，要大胆试行。

（3）健全和完善优化投资环境的长效机制。一是进一步完善政策体系。从投资者反映最突出的问题入手，抓紧研究改进和完善关于行政审批制度、投融资体制、土地使用、市场准入、物流体系、大通关建设等方面的具体政策措施，让政策优惠变为发展优势、经济优势；二是进一步完善政策协调、沟通机制。各级政府部门在研究制定政策时，防止政出多门、相互抵触，要相互沟通、协调，保证出台的政策相互配套、便于操作。涉及多个部门的政策规定，要明确一个主要部门具体负责。

（4）改进审批制度、加快电子政务系统建设，建立高效率的政府办事环境。应积极精简审批事项、下放审批权力、简化审批程序、减少审批环节，充分发挥各类综合行政窗口单位的服务功能。应加快电子政务建设，实现政策法规上网、办事程序上网，公开办事时限、部门职责，从而

进一步规范行政行为，营造一个透明的办事环境。加强政府信息资源库的建设，开发和整合政府各类信息资源，利用互联网络，为全省各类单位提供方便与服务。建立咨询服务互动平台，建立政府与企业、公众的网上沟通与回应渠道，及时了解客商的意见与要求。

（5）加强受理行政效能投诉，加大监督检查力度。一是要明确监督重点。要加强对重要行政执法部门、司法机关、行政审批部门、窗口服务单位的监督，实行以点带面。二是强化监督手段。要灵活运用调查走访、明察暗访、专项监督、内部监督等多种方式。三是拓宽监督渠道。要强化舆论监督、民主监督和社会监督。设立省、地、县三级企业投诉中心，安排专人负责接受企业对"三乱"及违规处罚等问题的举报和投诉；对影响投资的不良行为、办事拖拉行为、作风粗暴行为，特别是吃、拿、卡、要行为，一经查实，要从严惩罚；有关部门的收费项目、收费标准要在媒体上公布；对故意设置障碍，有意刁难投资者的单位和个人以及"三乱"典型案例要公开曝光。定期开展投资者对政府职能部门的评议制度，对作风、效率最差的部门和部门领导要实行"诫勉谈话"制度和"降级、降职、免职"处理制度。

（6）健全招商引资运行机制。一是要成立专职招商队伍，主动上门招商。二是要建立境外招商引资联络处，开展委托代理招商。三是推行"零地招商"，积极开展以商引商。四是利用资源优势，开展产业招商。五是整合江西招商网站，开展网上招商。六是建立专业化、社会化招商引资机制。可以在全省各开发区统筹考虑项目的布点，按"谁招商、谁受益"的原则，实行利益共享，所产生的税收和产值按一定的比例进行分成，形成全省招商引资"一盘棋"，达到招商引资整体利益的最大化。

（三）着力实施"产业聚集工程"，以重大项目为抓手，完善产业配套能力，壮大产业集群

1.建设思路。抓重大项目，着重解决产业格局上特色不突出、产业的带动能力和配套能力弱的问题，形成产业定位明确、特色鲜明、产业链条较完整的区域产业聚集格局。围绕支柱产业和主导产业培育产业体系，提高产业配套能力，促使企业做大做强，吸引国内外重要企业进入，形成集聚效应。要着眼于把江西变成产业梯度转移的重要承接地，着眼于发展江西省高新技术产业，提升产业结构高度，大力开展以商招商、产业招

商，延伸产业链条，培育产业集群，形成强大的产业聚集吸力。

2. 主要措施。具体有以下几个方面：

（1）确立地区主导招商产业，以优势产业为核心招商选资。结合各地区的特点，在充分考虑发达地区产业转移趋势的基础上，建立完善承接发达地区产业转移的基础产业，在对接与协作中做大强势产业，加强有效的政策引导，明确吸引外资的重点。招商引资要和产业发展结合，进行招商选资。各地区要纠正过去招商过程中"数量至上，总量取胜"的错误思想。在确定地区支柱产业的基础上实施精确招商。杜绝因"投资饥渴"造成的盲目招商现象。

（2）提升产业配套能力，围绕产业链发展，优化资源的配置。在制定投资发展政策时，地方政府不能只围绕一个企业，而要围绕一个产业来建设。人才、项目、资金、信息都要围绕产业链发展，政府在对产业的统筹安排上有作为，要有产业导向。如围绕"六大支柱产业、高科技产业、新能源产业"，谋求全省产业迈上新台阶。围绕第三产业，如金融理财、管理咨询、财会法律、连锁商业、休闲娱乐、酒店等现代服务业，全面提升全省现代服务业能力和水平。围绕特色产业，扩展引资承产的范围。充分利用生态优势，壮大农业特色，积极鼓励投资者参与种植、养殖及产品加工开发。充分利用"青山绿水"、"红色家园"等资源，发展壮大旅游产业。

（3）进一步建设好工业园区平台。一是抓紧各种类型的园区建设提升工作，合理调整园区布局，努力把各种类型的园区建设、培育成为具有自身产业优势的特色园区。二是在确定入园企业时一定要围绕支柱产业，要形成产业链，形成集群优势，规模优势。三是在工业园区管理体制上有更大突破，目前全省还有一批园区国家未批，需要"转正"，建议采用组建工业基地等形式规范整合，部分升级为省级工业园。四是省里在土地指标分配上区别对待，在全省主体功能区规划基础上，对于优先开发区（重点项目、重点县区）给予土地政策倾斜。

（4）提高城市化水平，做强做大中心城市。根据新时期外商更倾向于到市场规模大、市场辐射力强、工业基础完备和产业配套程度较好的区域投资的新特点，要努力提升江西的城市化水平，做强做大中心城市和一批次中心城市。积极举办一些有广泛影响的重大赛事、节庆活动，通过重大赛事、节庆活动，打造城市品牌、彰显城市个性、树立城市形象，扩大江西省的影响力与吸引力。以南昌为中心，构建环鄱阳湖生态城市群，完善功能，提升品位，充分发挥中心城市基础设施比较完善，交通便利，通信发达，水电供应充足，产业配套程度高，技术、资金和劳动力等生产要素相对集中等方面的优势，增强对外来投资的吸引力，形成外商投资的集群效应，带动全省的招商引资工作。

（四）着力打造"现代商务平台"工程，完善现代服务业，降低商务成本

1. 建设思路。依靠市场化做大规模、依靠信息化提高水平、依靠法制化改善环境、依靠国际化提升能级，着力打造"现代商务平台"工程。通过规划引导、技术创新、法制保障、人才支撑、品牌引领、产业集聚、开放带动、政策扶持，加快发展以大旅游产业、大文化产业、金融服务业、商贸与物流业、信息服务与软件业、中介服务业、房地产业、社区服务业为重点的现代服务业，建立便捷、舒适、立体、现代的商务环境，尽快形成与江西省现代制造业基地相对应的现代化综合服务体系，促使城市综合服务功能再上一个新台阶。

2. 主要措施。具体有以下几个方面：

（1）发展、培育和规范各类行业协会和社会中介机构。完善社会中介体系，鼓励和支持国内外知名中介服务机构进入江西开展中介服务，提升江西法律、会计、资产评估、咨询、金融等中介服务质量和水平（引导中介机构提供合法诚信服务，大力规范、整顿中介市场秩序）。通过行政指导，引导中介机构规范发展，明确中介市场准入和退出机制，严格审定中介组织的从业资格，完善对中介组织的长效监管体系。

（2）大力完善物流服务业，降低外商投资成本。要统一规划全省物流，提前对交通和能源进行规划，根据各地产业发展预测，合理设置各地物流节点、铁路、公路、航道、空港建设，打破地域限制，避免物流瓶颈制约和资源浪费。赣江疏浚刻不容缓，要积极发展水运能力。打通内陆出海通道，实现铁海联运，对各地海关统一布局。整合全省的资源，通过兼并联合，产权重组，成立若干个物流集团，或者引进若干省外物流企业，在中心城市、重要园区或园区集中的地方，形成若干个现代物流圈，并在电子口岸、保税物流中心建设上尽快拿出操作方案。要加强对电子商务这一现代交易方式的开发与应用建设，制定江西省外经贸电子商务发展的战

略方案，加强全省的外经贸信息服务平台建设，优化互联网政策咨询与行政服务功能，联合国内外著名电子商务网站，探讨建立"网上江西商品交易市场"，加快"数字江西"建设，做优做强江西的电子商务环境。

（3）着力改善金融环境。一是扩大融资渠道，支持建立多层次的资本市场体系，完善资本市场结构，丰富资本市场产品；要积极推进债券市场发展。二是加快发展地方性金融机构，为改善广大中小企业融资条件奠定良好基础。三是加强融资担保体系建设。引导和支持各类开发区、大卖场增强并发挥融资担保功能，形成多元化、多层次的担保机构协调发展新格局。四是积极处置企业不良债务，改善金融生态环境，使企业信用条件、融资能力相应提高。

（4）着力打造现代服务业集聚区、集聚带。围绕城市功能转换，加强布局规划，聚焦强势行业，形成若干特色鲜明的现代服务业集聚区、集聚带，优化江西省现代服务业空间布局。以集聚区、集聚带为抓手，明确功能定位和发展重点，加大招商引资力度，加速现代服务业发展。启动建设一批重大基础性服务项目，主要是投资规模大、为服务业发展提供载体的基础设施项目；加快推进一批重大功能性服务项目，主要是体现江西省独特优势、产业带动性强的现代服务业功能性项目。

（五）努力推进"人才培养与引进工程"，营造良好的人才集聚环境

1. 建设思路。树立和落实科学的发展观和科学的人才观，以新的思想和理念营造人才集聚的发展环境，加快人才资源向人才资本转变，使现有人才能够稳定，存量人才能够盘活，急需人才能够引进，未来人才能够成长；围绕江西省经济社会发展急需的人才，特别是优势特色产业及重点项目、重点学科和重点实验室急需的紧缺人才，紧紧抓住人才培养、吸引和使用三个环节，完善现代人才资源基础设施，加强人才能力建设，创建良好的创业环境，为江西崛起提供有力的人才和智力保障。

2. 主要措施。具体有以下几个方面：

（1）以"两个对接"构筑全省人才培养体系。"高等教育和世界一流水平大学对接"。江西高校要走出去，拓展与国外大学、科研院所合资合作与交流，完善人才教育培训体系，加快稀缺人才培养；应选择有发展前景的学科，全力加强建设，除大力增加资金投入外，特别要支持这些学科引进国家级乃至世界级拔尖人才。目前，应大力支持有关单位获取博士学

位授予权和增加博士学科点。

"职业教育和产业、园区对接"。积极发展高等职业教育，做强做优中等职业教育学校，学校要及时调整教学方向，要有"服务于投资、服务于产业"理念。专门面向当地下岗职工开展技能培训，不断扩大"定单式"培训的工种和人数。适应城市化进程需要，加快启动现代农民培训工程，建立城乡一体化就业市场。对现有各级各类人才，采用政府推动、企业主导、自主式菜单等形式，通过学历教育、资格认证、知识讲座等途径，加快建设技术工人、经营管理和高层次专业技术三支人才队伍。

（2）要在人才的引进、配置和激励政策上取得突破性进展。要突出市场的基础性作用，以人才柔性流动为主要形式，在全国乃至全世界范围内引进和配置人才，并把人才资本的即期计酬和长期计酬、短期激励与永久性激励有机结合起来。

（3）要建立开放性的公平、公开、竞争、择优的人才选择机制。不仅要把高学历、高职称的高层次人才纳入人才视野，还要把那些在本行业、本岗位上有所建树，有所创新的"土专家""田秀才"纳入人才视野，做好跟踪服务与管理，因才施用，发挥人才的最大效能，避免人才流失。

（4）在人才的收入分配、奖励政策上，要尽快推行多元化的分配机制。要敢于突破单位性质、编制限制、专业技术职务结构比例等限制，制定政治经济待遇更优越的引进人才政策；通过重金高薪，自主择业来吸引人才；通过优厚的福利，宽敞的住房来稳住人才；通过高职务的聘任、高职称的评定、重大贡献的重奖来激励人才。同时还要结合实际，大胆探索技术入股、个人持股、生产要素参与分配等方式，实行"一流人才、一流业绩、一流报酬"的人才激励机制，使人才的价值得到充分体现。

（六）扎实开展"信用江西工程"，营造完善健康的信用环境

1. 建设思路。以政府信用建设为表率、企事业信用建设为重点、个人信用建设为基础，加快"信用江西"建设步伐。坚持政府推动、市场化运作的模式，实行政府统一领导，部门分工负责，协调各方资源，实现信息共享，规范信用服务，加强信用监管，规范有序地建立社会信用服务体系。实现各级政府、有关部门和社会团体的公信力明显提升；各类企业的信用管理和商务信用水平明显提高；公民诚实守信的社会公德明显增强；守信激励和失信惩戒机制初步建立；经济生活中的违法失信行为得到

有效遏制。

2. 主要措施。具体有以下几个方面：

（1）强化政府"诚信行政"意识，树立良好政府形象。培育地方政府的"信誉观"，使其认识到政府信用是社会信用体系的基石，地方政府的信用建设是区域信用环境的关键环节。制定政府机关部门的承诺和服务标准，取信于民。从制度上加强政府诚信工作，使"诚信行政"得到内外约束机制的双重制约。

（2）加强企业诚信教育，提高企业信用水平。提高企业信用意识和企业失信成本，培育诚信企业文化，打造诚信企业品牌。充分发挥行业协会、商会的行业自律作用，通过行业协会规范企业行为。建立企业信用档案，定期公布企业信用表现，建立对信用优良企业的奖励机制和对长期信用不良企业的惩罚机制。

（3）加强对中介服务机构及鉴证评价机构的监管，建设良好的信用环境。政府积极规范社会中介服务机构、评价鉴证机构、会计审计机构、资产评估机构等的运营，整合社会中介资源，取缔经营不规范、机构不健全、会计不真实的服务机构。对于违反职业道德、出具虚假证明、报告的现象，一经查出，终身禁止其从事相关行业。同时，规范社会中介服务机构的行会管理，实行"一业一会"原则，使行业协会成为规范和管理社会中介服务机构的得力助手。

（4）提高全民信用意识，营造整个社会珍视信誉的氛围。以诚实守信为重点，加强社会诚信公德、职业诚信道德建设。制定和完善各种行业规范、乡规民约、市民守则、行为规范等，把公民诚信建设内容和要求融入社会管理的各个方面。深入开展诚信县市、诚信地区、诚信社区、诚信单位、诚信企业等形式多样的诚信评选活动。大力弘扬"诚实守信"文化，为全社会营造一个良好的诚信舆论氛围和信用文化。

（5）逐步建立企事业单位信用诚信系统，加强信用资产的管理。建立社会诚信信息系统，加强对企事业单位的信用评级工作，促进其提高信用水平。完善关于诚信制度的法律法规，用制度约束保障企业在经营行为中守法、守信。在特定人群中率先建立信用档案和征信系统，通过信用贷款、信用消费行为提高个人信用意识，逐渐推广和完善个人信用征信体系，最终建立全社会的个人信用资料和征信体系。

（七）积极开展"人文江西"工程建设，营造文明和谐的人文环境，打造魅力江西

1. 建设思路。优化人文环境，加强精神文明建设，净化社会风气，提高人的文明素质，打造开放、创新、进取、诚信的江西新形象。重点培养新时期的人文精神、人文环境，重塑江右文化和赣鄱精神，建立一个有魅力、高品位、综合竞争力强、人文丰富的整体投资环境，提升江西投资环境的整体魅力和品位。

2. 主要措施。具体有以下几个方面：

（1）以提升文明形象为重点，树立人人都是投资环境，全民建设投资环境的观念。一是要采取宣传、教育、引导等方式，在全省上下营造良好风气，以真诚之心对待投资者，真诚服务，做到不欺、不诈、不敲，让投资者找到一种"家"的感觉，从而安心干事，放心创业。二是大力倡导开明开放、谦和包容的社会心态。真正树立起"你投资、我发展"的理念，善于、敢于和乐于欣赏投资者、包容投资者，支持客商投资兴业，让各种有利于发展的因素竞相迸发。三是大力构建遵纪守法、依法办事的社会秩序。大力开展普法教育，提高全民的整体法律水平，严厉打击各种违法犯罪行为，从而营造依法守法、公平公正、规范有序的创业环境。

（2）加大对江西的宣传力度，提高江西知名度。进行江西区域形象的设计和塑造，充分利用报刊、广播、电视、国际互联网等各种新闻媒体，广泛深入宣传江西的形象、江西的优势、江西的特色，提高知名度，增强江西投资发展环境的凝聚力和吸引力。要发挥社会舆论对投资环境的监督作用，对损害江西投资环境的行为，予以公开曝光，情节严重的，移交司法部门依法惩处。

（3）启动涉外居住区及相关配套设施建设，适应外商和外籍工作人员的生活需求。应启动涉外居住区的建设，创办一批国际学校和国际医院，建设高档的客商休闲娱乐活动服务设施。针对世界各国文化特点，组织有针对性的文化娱乐活动。

（4）大力引导"文化重塑"工程，传承"江右商帮"和赣商文化，营造富民兴赣的创业环境氛围。明清时期，著名的赣商，即"江右商帮"跻身于中国十大商帮之林，在商业文化的史册中留下了光辉灿烂的一笔。现在我们亟待重塑的优势区域文化包括创业精神、创新意识、流动偏好、

合作意识、信用观念、开放思维等具体内容。重塑区域经济文化，弘扬区域优秀文化，是江西实现中部崛起之魂。要积极宣传创业文化，鼓励创业思想，实现从官本位思维向商本位思维转变，营造重商、亲商、敬商的商本位文化。弘扬创新文化，营造鼓励冒险、宽容失败社会氛围。弘扬合作文化，实现从利己独赢向合作共赢转变。倡导开放思维与流动意识，实现从静态封闭向动态开放转变。促进人力资源的流动，在流动中寻求机遇。形成社会性民众创业热潮，通过创业活动带动资源的优化重组，充分挖掘人力资源、社会资源的潜力。

（八）着力实施"公平竞争促进工程"，优化政策法制环境，实现多主体公平竞争

1. 建设思路。重点解决市场体系不规范、不统一的问题，形成一个公平、公正、合理、合法、有序竞争的政策环境和市场环境。将政府的所有政策法规一律向全社会公开，做到及时、准确、全面。在一些重大的政策和优惠事项上各地要统一规范，引导地方从以政策优惠招商向以优质服务招商观念转变，防止形成恶性竞争。尽快实现外企、国企、民企享受待遇一致，外资和内资同等对待。依法行政，执法公正，为维护公平、有序竞争提供法治保障。

2. 主要措施。具体有以下几个方面：

（1）明确行政机关职能范围，坚决制止"五乱"现象的发生。切实加强市场监管和整顿，破除各种形式的地方保护主义，清理并完善投资相关的法律法规，坚决制止对企业乱收费、乱检查、乱摊派、乱罚款。行政机关对其职责范围内的事务，不得授权或委托其下属企事业单位或其他任何中介服务机构以提供有偿服务的方式收费。

（2）大力加强法制建设，努力建设一支精干高效、公正严明的公、检、法、司队伍。依照法律法规，公正、公平、及时、严格执法，同时附以强有力的法律监督，通过"严打"、"严防"、"严管"等一系列有效行动，严厉打击严重扰乱社会治安秩序，侵犯投资者人身安全和经济利益的各种违法犯罪活动。严格依法行政，打击各类腐败现象，净化投资环境，维持正常的投资秩序。通过营造良好的法制环境，保障一切对外开放政策措施的落实，保障投资者的合法权益。

（3）适应世界贸易组织各项基本原则的要求，建立稳定规范透明的

政策环境。政策制定者应从局部的开放观念上升到经济全球化的层次；从用优惠政策创造局部优势环境观念上升为用法制营造公平、公正、公开的综合经济发展环境的层次；从商品经营观念上升为资产经营、资本经营的层次；应逐步分离政府对企业的直接管理职能和应由社会中介组织承担的职能。强化政府的公共管理和服务职能，强化法制管理，弱化经济领域的行政管理，构建公平、公正的竞争环境，使政府真正成为超越各类经济主体的裁判，充分发挥市场机制在资源配置中的基础性作用。

（4）促进司法的透明公正，建立与国际接轨的现代市场经济法律体系环境。应加快清理、修订和完善相关的地方性法律法规，建立健全符合国际规范的法律体系。应促进司法公开透明，加强对投资者的法制宣传和咨询，采取上网公布和办普及班的方式，让客商能够快捷、便利地获取所需要的法律咨询。不断提高执法人员素质，规范罚款行为，严格执法纪律，建立错案追究制度，保证司法公正。

第六章　优化江西省投资环境的个案剖析：
南昌高新技术产业开发区

第一节　南昌高新技术产业开发区总体情况

一　南昌高新技术产业开发区简介

南昌高新技术产业开发区创建于 1991 年 3 月，1992 年 11 月被国务院批准为江西省唯一的国家级高新技术产业开发区。高新区地处南昌市东，区域面积 231 平方公里，下辖昌东镇、麻丘镇和艾溪湖管理处，辖区人口 50 万人。规划建设产业区面积 32 平方公里，其中湖西产业区 20.4 平方公里（含艾溪湖水面）已基本建成，湖东产业区 11.6 平方公里也正在建设当中。南昌高新区经过 17 年发展，不论是在经济总量上还是发展速度上在省内目前都是首屈一指的。由于投资环境的不断优化和改善，吸引了一大批国内外知名企业来区投资兴业，世界 500 强美国微软、欧洲 ABB 及美国科勒、中国台湾 TECO、中国台湾联志、德国 G&D、中兴通讯等品牌企业纷纷落户。现有进区企业 1100 余家，其中外资企业 200 余家，高新技术企业 212 家，软件企业 230 家，形成了电子信息及应用软件、精密机械制造及光机电一体化、生物医药、新材料四大特色支柱产业，主要经济指标以年均 40% 的速度持续增长。据科技部公布的数据，在全国 53 个国家级高新区中，南昌高新区的技术创新增长速度排名第 12 位。初步凸显现代化、国际化、生态化的特征，已成为江西省高新技术产业的集聚地、外资企业集群的福地和总部经济集结的高地。

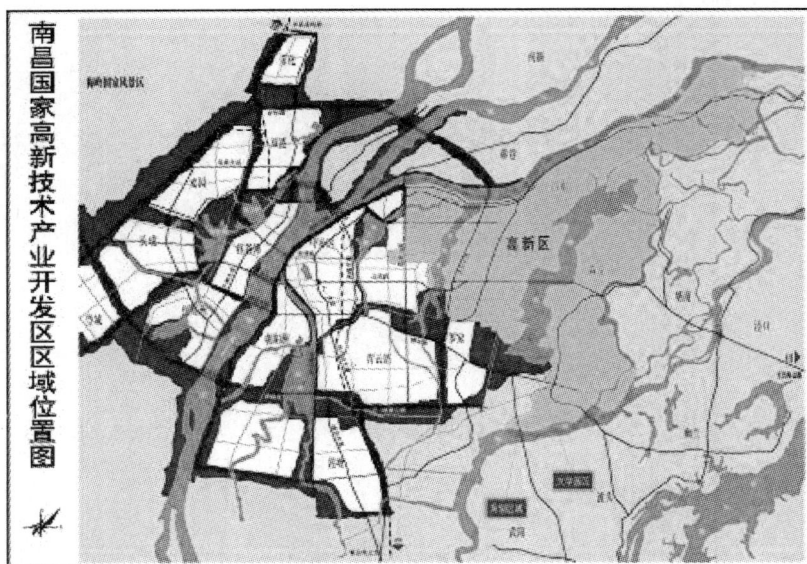

图 6 - 1　南昌市高新技术产业开发区示意图

二　南昌高新区发展概况

南昌高新区建区前 10 年，高新区主要是依托局部优化的小环境，如优惠的税费政策，低廉的土地价格，省会城市的优越区位优势，为高新技术产业化搭建了一个较好的平台；2001 年以后，特别是江西省明确提出大开放，大发展战略以后，随着全省经济发展大环境的明显改善，高新区真正步入了经济发展的高速增长期。

（一）综合实力显著增强，入园企业数量与园区经济总量迅速增长，正在成为全省经济发展最快、最具发展活力的开发区

近年来，南昌高新区坚持以科学发展观为指导，以经济建设为中心，努力加快经济发展，经济总量连续以超过 40% 的速度高速增长。全区工业销售收入从 1991 年建区到 2003 年突破 100 亿元用了 12 年的时间，到 2005 年突破 200 亿元用了两年的时间，到 2006 年突破 300 亿元只用了 1 年的时间。2007 年，全区技工贸总收入突破 550 亿元，增长 32.2%；工

业总产值 450 亿元，增长 23.6%；销售收入 452 亿元，增长 24.2%。三项主要指标达到"两年翻一番"，实现三年跨越"四个百亿台阶"。工业利税总额 76.6 亿元，增长 24%；财政总收入 13.1 亿元，增长 28.7%；城镇固定资产投资 71.89 亿元，增长 41.1%。特别值得指出的是，近几年，高新区仅用占全市 0.4% 的土地创造出全市 25% 的工业增加值和50% 的工业利税。南昌高新区已成为江西省经济发展的强劲引擎和重要增长极，主要经济指标连续多年名列全省开发区的前茅。经济保持快速增长，经济效益不断提高，园区建设不断完善，实现了又好又快发展。

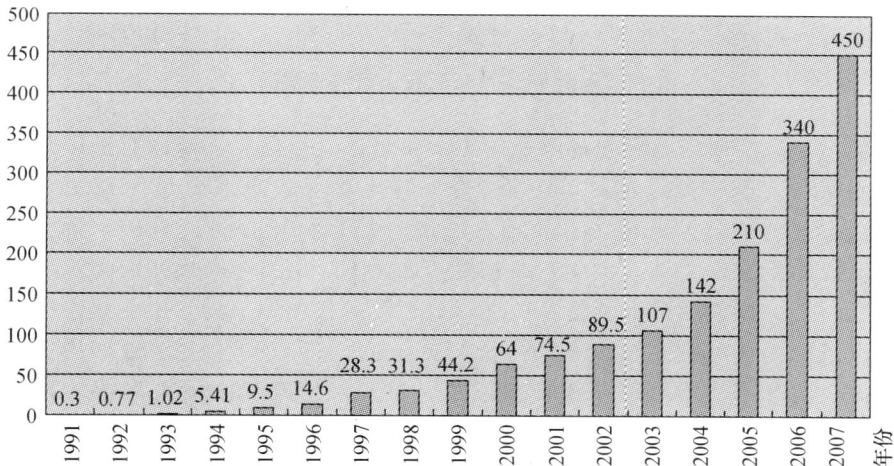

图 6-2　南昌高新区工业总产值增长情况

（二）产业结构不断优化，产业链初具规模，资本运作成效显著，已成为全省发展开放型经济的生力军和领头羊

南昌高新区坚持"优先发展高新技术产业，重点发展软件产业，大力发展先进制造业，配套发展第三产业"的发展战略。以新型工业化为核心，不断优化产业结构，高新技术产业呈集群式发展，形成了电子信息及应用软件、精密机械制造及光机电一体化、生物医药、新材料四大特色支柱产业，四大支柱产业的产值占全区经济总量的 87% 以上。产业结构不

南昌高新区企业数增长图

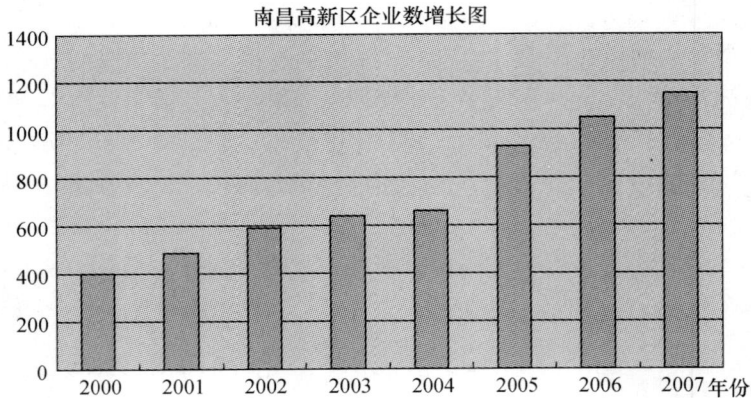

图 6 - 3　南昌高新区企业数增长情况

断优化，逐步成为国际先进产业的重要集聚区。目前，高新区有进区企业1100 余家，其中外资企业 230 家，高新技术企业占全省的 60% 以上，软件企业占全省的 85% 以上。捷德（中国）信息科技有限公司在高新区成立，成为全省首个外资企业中国总部。近年来，南昌高新区在国家发改委的支持下，还连续组织实施了一批高技术产业化示范工程，主要集中在生物医药、光机电一体化、医疗器械、应用软件等高技术领域。这些项目的实施，对加快高新区高技术产业发展，推动经济增长，促进产业结构调整，产生了重要的推动作用。高新区高度重视推进企业资本运作，把推动企业改制上市和吸引风险投资作为重要的推动核心产业发展的战略。以优势产业吸引投资，再以投资促进优势产业。资本运作在全省一直走在前列。如今，高新区企业"上市梯队"已经形成，"高新板块"效应初步显现，企业上市一浪高过一浪。2007 年，凯源科技以莱昂国际名称在欧洲上市，成为中国企业在巴黎上市第一家；江西省爱付宝电子支付科技有限公司在美国纳斯达克上市；正邦科技在深圳证券交易所上市，打破了南昌连续三年无企业在国内主板上市的沉寂局面。晶能光电、巴士在线等一批高科技含量、高成长性企业吸引了新加坡淡马锡、美国 IDG、摩根斯坦利等国际顶级风险投资公司的投资。其中晶能光电在海外募集了 6500 万美元，巴士在线募集了 8000 万美元，并于 2008 年第三季度在美国纳斯达克上市，预计市值总额将超过 50 亿美元。截至 2007 年年底，高新区上市的企业共有13家，其中9家企业在国内A股市场上市，1家企业在欧交所上市，1家企业在纳斯达克上市，另有2家软件企业在香港创业板成功上市。目前这13家上市企业占全省上市公司总量的1/3。各类社会投资的注入，为企业的发展，核心产业的形成提供了充足的"燃料"。

（三）园区内高层次机构及专业特色园区不断创立，技术高地优势日益显现

南昌高新区设立之初即将高科技作为园区的特色与目标，进入新世纪以来这一目标更加明确，在这一思想指引下，园区内不但创设高层次的研究与服务机构，以高科技为核心的国家级的企业也不断创立，为高新区的发展提供了持久的动力和高端的平台。一是在江西省委、省政府和南昌市委、市政府的指导和支持下，经国务院批准，南昌国家出口加工区顺利落户高新区。当年实现出口创汇3000万美元。二是凭借光机电一体化产业方面的优势，高新区被商务部、科技部联合授予首批国家科技兴贸出口创新基地，这是全国唯一一家光机电一体化出口创新基地。三是经科技部批准，高新区创业服务中心成功晋级为国家级高新技术创业服务中心，这是江西省孵化器行业首次获此殊荣，也是江西省唯一一家国家级高新技术创业服务中心。四是成功获批设立全省首个中小企业服务博士后工作站。经人事部批准，全省首个中小企业服务博士后工作站今年在管委会正式挂牌成立，开辟了管委会与多家企业捆绑建立博士后工作站的先河，填补了江西省工业园区发展史的空白。五是经国台办同意，江西省科技厅、江西省台办联合批准设立了南昌高新区海峡两岸科技工业园，为高新区吸引台资搭建了一个更高层次的平台。

（四）基础设施配套完善，生产生活服务机构配套齐全，生产生活便捷舒适

南昌高新区所在地本是南昌市郊的荒芜滩涂，经过多年来的建设，其面貌已是今非昔比，成为南昌市的标志性区域之一。高新区内市政设施齐全，服务设施配套。京福高速穿区而过，赣江水运直达港口，区内拥有五横九纵完善的道路循环网络，10条公交线直通市区，全市最大的公交车总站也坐落在区内；总装机容量58.5万千瓦的变电站，日处理污水100万吨的污水处理厂首期33万吨工程已投入使用，自来水管网、有线电视网和高速宽带网络与市区直接联通，产业区实现了道路、通信、供水、供

电、排水、排污、煤气管网和土地平整"七通一平";区内建有休闲公园、湖景公园、花园式科技人员公寓、宾馆、酒店、写字楼、工业标准厂房以及设施优良的寄宿学校和商贸网点,高新区已成为江西省投资软硬环境最好的区域。区内设有全省开发区中唯一的南昌海关办事处、检验检疫局办事处,以及电信分局、供电分局,还有国税分局、地税分局、工商分局、公安分局、质监分局、消防中队、交警中队、创业服务中心、人才交流中心、城管监察大队、劳动监察大队、劳动仲裁委员会、社会保险事业管理处、劳动保障服务分中心、审计师事务所、会计师事务所等机构,建立了完善的服务体系。商业服务机构有建设开发公司、物业管理公司、进出口公司;工商银行、建设银行、中国银行、交通银行、商业银行、农业银行、保险公司等在区内设有营业网点,形成了为企业实行"一条龙"的支撑服务体系。主要服务机构已集中在一栋楼办公,实行了"一站式"公开服务,全部服务项目、办事程序和收费标准一律公开,5个工作日内可为企业进区落户办完所有手续,从而为进区的海内外客商提供了优质高效的服务。

第二节　南昌高新区优化投资环境的主要做法及取得的成就

一　转变招商方式

（一）变单个项目招商为产业链招商

把提高产业的集聚度、关联度、空间度和提供特定的需求配套作为招商的重心,以产业规划布局为指导,以"延长产业链,缩短供应链,降低成本链,提升价值链"为目标,开展"产业＋基地"式的先进制造业及高新技术产业招商,将主要精力集中在打造产业集群和完善产业链上。以菱光科技、联志电子、联创电子、一元数码、TCT等企业为核心,鼓励企业引进SMT、精密注塑等配套项目,形成微电子产业集群。以联创光电、晶能光电为核心,鼓励企业引进大型终端下游产品企业,发挥高新区在LED外延片开发生产优势,尽快打通LED下游产品的缺失环节。以非晶硅、单晶硅项目为核心，重点引进太阳能模组生产企业，为光伏产业奠定基础。以江铜科技园为核心，鼓励企业引进覆铜板、线路板制造和引线框架等生产企业，在高新区形成铜箔—覆铜板—线路板完整产业链。依托江西省医药港形成的生物医药企业聚集优势，着力引进生物保健、动物疫苗、中成药和医疗器械等研究开发和生产企业，形成医药产业研发创新集群。借助江西省微软技术中心、中兴软件、泰豪软件、思创软件等企业的技术力量，重点发展通信软件、嵌入式软件、数字多媒体软件及软件外包，着力引进动漫和创意企业，全力打造全省信息软件创新的制高点。围绕游艇上下游产业，鼓励企业引进游艇配套件生产企业，尽快壮大游艇产业规模。围绕汽车电子产业，着力引进涵盖芯片制造、控制电子、汽车电器、汽车软件等生产企业。未来的汽车电子将占汽车价格的50%—70%，高新区将致力于打造江西省乃至中国汽车电子产业基地。

（二）变一般传统工业项目招商为高新技术产业项目招商

始终不渝地抓好投资规模大、科技含量高、产业带动力强的战略性项目，抓代表高新技术产业发展趋势的前导性项目。将重点放在以世界500强和国内200强、中国台湾100大为主的龙头项目和产业链项目上。将产业关联度不大，科技含量不高，市场发展潜力不佳的项目坚决拒之门外，始终抓住园区高新技术产业定位不放松。

（三）变招商引资为择商选资，不断调整和创新招商策略

按国家产业导向，根据自身产业特点有针对性地引进项目，使招商方式从此前狂轰滥炸的"面"式招商变成目标精准的"点"式招商，提高招商的成功率，降低招商成本。同时，招商主体发生了明显变化，从政府主导型招商转变为政府引导、企业为主体的招商模式。以商招商成为新亮点，如东元介绍菱光，联志引荐宏齐，中天促成储科，罗伊尔组织中国台湾、美国游艇制造企业来区设立游艇产业配套工业园。企业合资合作成为新热点，如晶能光电引进淡马锡，巴士在线引进国际风投，联创牵手华生，泰豪联姻ABB。机构招商成为新风景，南昌台湾协会引荐长亨，欧洲工业园在北京、上海推介南昌高新区，日本会馆在冈山举行南昌高新区投资说明会，这些活动极大提升了高新区的知名度和品牌形象。

二　不断提高自主创新能力

增强可持续发展能力，将自主创新放在更加突出的主导和战略地位，明确了"以引进消化吸收再创新为重点，推动原始创新和集成创新；以原始创新和集成创新为方向，提升引进消化吸收再创新"的基本思路，高标准建设创新载体，高品位搭建创新孵化平台，高质量培育创新主体，取得了良好成效。目前，高新区拥有高新技术企业212家，软件企业280家，引进或培育各类技术中心45个，其中国家级企业技术中心3个，重点实验室15家，博士后工作站8个。建立了一批国家级孵化基地和产业化基地，包括国家科技兴贸出口创新基地、国家级创业服务中心、国家级留学人员创业园、国家火炬计划软件产业基地、国家半导体照明工程产业化基地、国家级出口加工区、国家知识产权试点园区、中国服务外包示范区和国家级南昌大学科技园、浙江大学科学园（江西省）。近三年，高新区列入国家级科技项目占省市的比重不断提高，占全省的40%左右，占全市的80%以上。拥有自主知识产权的专利产品1000余项，软件著作权申请量160多项，列入国家级各类高新技术项目500余项，荣获国家和省市科技进步奖项目150余项，涌现了一大批具有代表性的自主创新品牌和成果。2008年1月，区内企业江西省特康科技有限公司"全自动血细胞成套分析技术及其设备的研发"，获得国家科技进步奖二等奖。这也是高新区自先锋公司获得国家科技进步奖三等奖，日月明公司获得国家科技进步奖二等奖后，再次获得此项殊荣。自主创新能力的提高将助推南昌在高新技术产品上从"南昌制造"早日上升到"南昌创造"。

当前，南昌高新区已经进入提升自主创新能力、实施"二次创业"的新阶段，在南昌高新区启动建设"南昌（瑶湖）科技创新城"，并把它建设成为"现代化、国际化、生态化"的科技新城，走一条科技引领和支撑经济社会发展的新路。瑶湖科技创新城总体规划面积40平方公里，将重点引进世界500强及国内外一流企业的研发机构、国家和省部级重点实验室、工程中心、技术中心和大学科技园，大力发展以生物工程、电子信息、软件及动漫创意产业为代表的高科技产业，充分发挥科技城的集聚、示范和辐射作用，使之成为代表江西省创新水平、代表江西省科技发展方向、代表江西省未来的科技创新核心区。

三 实施项目推进战略

南昌高新区以"3010"重大项目（即通过引进、联合，投资兴建2—3个投资30亿元的项目和6个投资10亿元的产业项目）为核心，全力推进"十百千亿工程"，形成一批主业突出、核心竞争力强的大企业、大集团，力争2010年实现主营业务1000亿元的目标。在推进"3010"重大项目进程中，南昌高新区围绕打造电子信息及应用软件产业集群、光机电一体化产业集群、生物医药产业集群和新材料产业集群，把招商的聚焦点放在重大项目及世界500强、国内200强企业上，突出对招商引资的产业引导和产业协作配套。通过引进、联合，铜板带项目、LCD显示器、芯片项目等一批科技含量高、规模大、效益好的高科技现代化企业纷纷落户区内。总投资38亿元的年产10万吨高精度铜板带项目竣工投产后，将成为亚洲最大的铜板带生产基地，并将带动其他相关产业，至2010年可形成年收入100亿元的铜资源深加工的特色产业带。投资10亿元的LCD显示器已开始试投产，2008年将实现销售收入1亿美元。围绕实施项目推进战略，打造强势产业集群，南昌高新区以优化投资环境为着力点，全力打造服务高地和投资福地。他们以企业为中心，成立企业服务中心和"3010"重大项目推进小组，每星期召开一次调度会，一个项目一个项目地抓，与企业实现无缝链接，提供保姆式服务和零距离的优质服务。2008年以来，利用职业教育优势，加强技术工人培训，为企业解决1万多名用工。同时，大力帮助企业解决融资难，引进国内外完善的风险投资机构参与企业运作，推进产业发展。在南昌高新区的帮助下，晶能光电（江西省）有限公司在获得1000万美元风险投资后，又获得7000万美元的融资。目前，30亿粒芯片的项目即将竣工。恒大、正帮、思创等企业在中国香港创业板实现成功上市；已经在中国香港上市的行知软件、金鼎软件等企业，实现了资本市场再融资。

四 坚持走可持续发展之路

（一）科学合理规划园区，建设可持续发展的绿色生态园区

一直以来，南昌高新区把环境承载能力看做园区可持续发展的要素，认真从长计议，将"科学合理、超前实用"的理念运用于园区规划的全

过程，努力突出"以人为本、生态优先"的理念，使区内循环经济、可持续发展工作从一开始就有个较高的起点。在协调布局园区规划和城市建设总体规划的思路指导下，全面完善区内的排水规划、河道规划、绿化规划。目前已完成市政绿化面积 200 万平方米；实现"雨污"分流，分别建有雨水管道和污水管道；园区内建有日处理量 100 万吨的污水处理厂，企业工业废水经过内部净化处理达标后，通过污水管网进入污水处理厂进一步净化排放。目前高新区的企业生产、取暖、供热均使用油、电等清洁燃料，园区内没有一根烟囱，没有一台烧煤锅炉。并实现了由单项建设向综合配套转变，由单纯强调功能向注重生态环境转变；工业区、居民区、商业区功能定位明确，严格按照工业区与居民聚居区分离来打造园区，园区的承载能力大大增强，一个环境优美、大气壮观、现代开放、富有文化品位和艺术个性的生态型新城区已经呈现。为进一步改善园区的生态环境，吸引投资者入园投资与居住，园区投入巨资重点打造艾溪湖湿地公园。突出森林与湿地的自然生态特征和地域景观特色，注重修复或重建湿地生态景观，最大限度地保留原生湿地生态特征和自然风貌，保护湿地生物多样性，塑造具有城市森林湿地特征的候鸟迁徙驿站和鸟类栖息地，使得园区不仅是投资者创业的热土，还将是投资者生活的天堂。

（二）在招商引资过程中，坚持培育生态工业、发展循环经济为重点

通过新建或嫁接改造，大力发展生态循环型项目，并积极引导形成产业链。目前园区内有一大批企业依靠科技创新，在节水节能、固体废物的循环利用和大力推行清洁生产方面启动和实施循环经济，在"减耗、减污、循环利用"方面做出了突出的业绩。泰豪科技、大族电源、丰源电力等企业通过发展循环经济，有效地降低了成本、提高了经济效益，在发展循环经济的同时获得了新的发展动力，实现了资源利用的最大化和废弃物排放的最小化，大大增强了企业的竞争力，使其在市场竞争中始终处于领先地位，为园区发展作出了较大的贡献。

（三）在产业发展中，坚持产业发展与环境保护并重的原则

南昌高新区严格执行《环境影响评价法》、《建设项目环境保护管理条例》和国家、省、市产业发展导向目录，始终坚持不符合法律、法规和政策要求的项目不批，污染严重的项目不批，治理难度大的项目不批；

坚持优先引进科技型、规模型、外向型、环保型的项目。抓好建设项目日常审批管理工作，加强对招商引资项目的审查，实行污染项目环保一票否决制，将有污染的项目拒之门外。对已批准入区的产业项目，坚持环境影响评价制度，新建项目环评执行率和环保"三同时"执行率达到100%。同时，完善建设项目全过程环境管理，注重建设项目环境管理规范化和制度化，对建设项目实行审批后分类管理，加大建设项目现场查处力度，对建设项目存在的环保问题及时提出整改意见，对违反建设项目管理要求，已造成污染的建设项目，加大打击力度，从而保证高新区进区项目的高技术、高产出、低投入、低消耗，有效地促进经济和环境协调发展。

目前，南昌高新区环境保护投资指数已连续三年超过2%，绿化覆盖率更达50%以上，并一举顺利通过ISO14001环境管理体系认证。在环境管理上，高新区始终坚持"既要金山银山，更要绿水青山"的招商原则，加强对入区项目的审核，实行"环评一票否决制"，将污染源拒之门外。南昌高新区还积极实施了"蓝天工程"，加大污染物排放治理。目前，园区内工业企业废水处理达标率均达到100%；大气污染物二氧化硫、TSP和氮氧化物的日均浓度基本达到国家规定标准。

五　着力营造高效的政务环境

体制活则全盘活，机制新则局面新。多年来，高新区始终致力于体制机制的创新，倾力打造廉洁高效的政务环境。为投资者提供了良好的投资氛围。

（一）率先推行"一站式"服务和"一条龙"服务

为方便企业办事，高新区于1998年率先在全省成立了统一办证服务中心。多年来，统一办证服务中心始终遵循"进一个门办妥、规范收费办好、按承诺日办结"的要求，实行联合办公、"一条龙"服务，并根据企业的需要，对"一站式"服务的内容从企业开办办证延伸到企业发展阶段的全过程。针对一些外地企业来区办事路途遥远等问题，园区办证服务中心开展了委托办证服务，企业不必花费任何精力，只需将相关资料交与有关职能服务部门，办理的主要手续和需要政府部门解决的问题，基本上不出高新区就可以得到全部解决。"集中、透明、规范、高效"的服务，进一步提高了工作效率，极大地方便了投资者。

（二）倡导"驻区机构服务好企业，管委会服务好驻区机构"的理念，倾力打造全省首个无罚款无摊派"特区"

南昌高新区管委会积极向省市政府争取完善驻区机构服务体系，海关、检验检疫、国税、地税、工商、质监、公安、法院、检察院等派出机构先后进驻，是全省支撑服务体系最完善的开发区。这对保护区内企业的利益、优化区内的经济发展环境起到了极大的作用。为优化投资环境，园区管委会于 2006 年年初确立了倾力打造全省首个无罚款无摊派"特区"的工作思路。按照这一工作思路，园区采取了一系列切实有效的措施。一是倡导"驻区机构服务好企业，管委会服务好驻区机构"的理念，采取开启"前门"堵住"后门"的做法，对驻区机构正常的经费开支尽力予以支持，每年都给予各驻区机构适当的业务补助，仅 2007 年一年就超过 1000 万元。二是制定了《南昌高新区驻区机构争先创优奖励办法》，鼓励驻区机构争做系统先进，争做区内服务标兵，服务好、保护好企业。通过这些激励措施，调动了驻区机构在高新区工作的积极性，驻区机构也为高新区发展做出了应有的贡献。三是坚决禁止任何以罚款收费为目的的检查，明确不支持任何单位参加任何以罚款收费论英雄的评比活动；要求驻区机构通过各种服务来督促企业整改违规行为，做到能不罚款决不罚款，坚决不摊派不收费。四是组织驻区机构参与招商活动，在一线亲身感受招商的每一环节，以提高驻区机构服务的主动性、自觉性。

以上措施的推出，不仅得到了企业的肯定，而且受到驻区机构的热烈欢迎，以优化环境为荣、在服务企业方面争先夺优的现象蔚然成风。2007年，高新公安分局涉及企业重大案件破获率达 100%；海关高新区办事处将业务流程从 5 天缩到了 3 天；工商、国税、地税分局实现了企业信息共享网络，建立起联合服务体系；城管高新执法大队 2006 年以来未开出一张乱停乱放罚单。与此同时，有关驻区机构乱罚款、乱摊派的举报投诉明显下降，2006 年全年仅出现 2 件，2007 年则是零投诉。

六 着力营造细致入微的服务环境

园区的竞争力的强弱更多地体现在园区管理者的服务质量优劣和服务

水平的高低上。因此，南昌高新区始终对客商真情相待，把为客商提供全过程服务、全领域服务、全天候服务的观念融入具体工作中去，融入每一名工作人员的工作思维之中，全力为投资商提供优质服务。

（一）创造性地提出招商引资"四项定律"

通过多年的实践摸索，南昌高新区创造性地提出了招商引资"四项定律"。一是建立首期投资资金最省的合作模型，对前来投资的外商在筹建期间特别提供"五个一"，即一辆车、一个司机、一名翻译、一套住房、一间办公室，降低企业投资风险；二是提供运行成本最低的资源优势，在人力、水、电、气成本低的同时，积极帮助企业协调各种政府资源，节约企业运行成本，使企业创业实现低成本运行、高投资回报；三是创造市场营销最多的发展机会，千方百计为投资者完善产业配套，延长产业链条，拓展市场空间，争取各级政府优先采购区内投资企业的产品，支持企业做大做强；四是支持企业效益最大的优惠政策，用足、用活、用好国家、省市赋予高新区的政策和高新区自身的各项优惠政策。这"四项定律"成为高新区招商工作的法宝。

（二）拓宽融资渠道，为园区企业尤其是中小型高科技企业提供金融服务

融资难是制约中小企业发展的瓶颈问题，为帮助企业解决这一难题，高新区管委会千方百计拓宽融资渠道。一是率先发起成立风险投资公司，引进风险投资机构。在国内风险投资业刚刚起步时，高新区便先后参股成立了江西省高技术产业投资股份公司和南昌高新科技创业投资有限公司。在此基础上，充分发挥两个投资公司的作用，为区内中小型高科技企业提供创业投资和融资担保服务。同时，遴选推荐真正优秀的中小企业项目，吸引国际最优秀的风险投资基金瞩目。大力促进国内外风险投资机构与区内高新技术企业进行对接，对风险投资机构在高新区内投资并经高新区核准的项目，高新区给予一定比例的资金扶持。2006 年，晶能光电、巴士在线等高科技含量、高成长性企业吸引了新加坡淡马锡、美国 IDG、摩根斯坦利等国际顶级风险投资公司的投资。另外，管委会还投资设立了 1 家投资公司和 1 家房地产公司，引进了美国风险投资 AMX 公司，目前在江西省已投资 3 个项目，总部设在高新区。该公司拟进一步加大在中国投资余热发电项目的布点工作，并将中国总部设在南昌高新区，注册资金达 1

亿美元。总投资 3000 万美元的日本石油器材投资公司已与高新区签约。二是出台《南昌高新区鼓励科技人员技术创新奖励办法》，每年由区财政列出专项资金用于支持和引导企业进行技术创新；与此同时，积极帮助企业争取技术创新项目的资金扶持，并给予相应配套资金。在具体实施过程中，采取主动上门动员、耐心宣传、协助填写申报材料、专人出面协调等方式全过程帮助企业，并对获得国家中小科技创新基金的项目按照获得基金资助数额的 50% 给予拨款奖励，作为实施该项目的配套资金。三是积极为企业架设银企合作桥梁。为了营造高新区良好的融资氛围，形成银行争抢高新区融资市场的态势，高新区不断开展银企对接活动，搜集整理融资企业的信息，向各大银行推荐。先后引导中行西湖支行、商业银行高新支行、工行高新支行、国家开发银行江西省分行等银行深入企业，开展对接跟踪服务，以现场对接、项目跟踪等多种服务形式，帮助企业融资。先后帮助区内泰豪科技、浙大科技园、方大新材料、大族电源、普天数据、万利铸、美亚能源、江西省东元、托利、凯源等十余家企业获得银行贷款累计超过 3 亿元。通过管委会、银行和企业的共同合作，一批优秀的科技成长型中小企业突破了资金需求瓶颈，进一步扶持了具有高附加值、高成长性企业的发展，提高了经济运行质量。

（三）加快信用体系建设，营造一诺千金的经营环境

高新区作为全省唯一的一个国家级高新区，有省内其他开发区无可比拟的政策优势。为了充分发挥政策优势，促进高新区快速发展，高新区在政策兑现方面始终坚持一诺千金，言必行，诺必践。建区伊始，高新区财政经费一度十分紧张，但即便如此，用于对企业优惠政策兑现的数百万元专项资金却得到了优先安排和确保。随着高新区的发展，区财政经费紧张局面得到了一定程度的缓解，在确保用于对企业优惠政策兑现专项资金的基础上，又安排专项资金对项目前景好、开工建设迅速的企业，另外给予一定的奖励，以鼓励企业早投产、早收益。无可比拟的政策优势，一诺千金的经营环境，极大地增强了投资者的信心，使企业真正愿意在高新区扎根，将高新区视为企业发展的理想之地，并纷纷增资扩股。如泰豪科技和长力弹簧仅 2006 年就分别增资扩股 3 亿元、3.18 亿元；3L 公司 2006 年增资 50 万美元，这已是 3L 公司连续四年用利润增资。

第三节　开发区目前在优化投资环境上 存在的主要问题

一　开发区土地储备日渐减少，园区发展受到严重制约

高新区建区时，经国务院批准的集中新建区面积为 6.8 平方公里，到 2001 年，6.8 平方公里产业区的开发已全面完成。为扩大发展空间，2001 年 10 月，市委、市政府在城市规划区内适度扩大了高新区的区域范围，使区域面积扩至 32 平方公里。随后，高新区先期实施湖西北扩开发，之后又启动了湖东产业新区开发，到 2003 年，高新区新扩区域基础设施已基本完成。目前，在高新区新扩区域内，湖西扩展区域项目已全部布满并基本建设完成，湖东拓展区域已有一大批急需产业化的科技项目和产业项目与高新区签订了土地出让合同，有的已经建成投产，有的待开工建设。但 2003 年、2004 年国家进行了土地市场治理整顿，致使高新区湖东新区的产业项目建设基本停顿，一大批已签约项目无法开工建设，一大批新洽谈项目也面临着无地可供落户的境地，高新区遭遇了前所未有的"地荒"。

二　园区自身建设与园区内企业发展资金缺乏

在园区开发建设过程中，先期需要投入巨大的资金要用于征地拆迁补偿、场地平整及基础设施建设，而从前期投入到最终形成效益之间存在一个长期的时间周期，所以对园区造成巨大的压力，同时由于高新区是政府的派出机构，上级确定的财政体制中税收收入实行的是按属性征收而不是按属地征收管理的原则，政策区内大部分收入未纳入财政，影响了高新区的财力。受高新区管理体制制约，其基础设施建设国家和地方政府一般不纳入当地市政发展规划而安排投资建设，高新区的征地、基础设施建设及其配套工程资金大都靠自筹解决，造成高新区负债较重，园区内的高新技术企业具有高投入、高风险、高产出的特点，而这些企业兴办之初大多只有技术而缺乏资金，资金的缺乏严重影响了它们的科技成果转化进程和规模的扩大，因此资金紧张成了制约高新区快速发展的制约因素之一。

三 体制机制不顺，管理机构权限"缩水"

在高新区经济起飞阶段，市政府曾下发正式文件授予高新区市级经济管理权限，对加快高新区的发展起到了至关重要的作用。但是，近年来，高新区的规划、土地、项目审批等权限逐渐被上收，使得办事环节增加，办事时限延长，给客商带来了诸多不便，也使高新区多年来赖以生存、引以为荣的高效快捷的投资环境受到了较大影响。同时，由于高新区管委会是市政府派出机构，属事业单位性质，不是完整的一级政府，没有行政执法主体资格，却又必须承担起辖区的各项行政管理和行政执法责任，实质上承担了县一级政府的职能，使高新区不得不花费大量的人力物力去应付各种社会事务，却仍然管不到位，这种"权力上收，责任下放，有责无权"的现状，成为束缚高新区进一步做大做强的"瓶颈"。

四 区域外竞争激烈，区域内产业层次提高，招商难度加大

随着我国改革开放的深入，全国各地招商引资的竞争日趋激烈。东部地区具有产业化程度高、城市环境好、配套能力强、区域位置好等优势，对资金特别是外资有极强的吸附力，利用外资的规模和能力高于中西部。西部地区由于国家实施西部大开发，赋予其更加优惠的发展政策，增强了招商引资的竞争力。而中部地区各省份优惠政策和各个开发区硬件设施的趋同化，使招商引资工作同样面临着越来越激烈的竞争。同时，全市各县区和开发区都在优化环境、改善服务，加大招商引资力度，高新区的"特区"优势、政策优势在逐渐弱化，而且由于高新区本身的发展，对于投资者有了更高的要求，只有实力强、技术高、潜力大的企业和投资者才是高新区所需要的，但这类企业和投资者也正是各个开发区普遍青睐的稀缺资源，因此使得高新区的招商引资难度加大。

第四节 优化南昌高新区投资环境的对策建议

一 调整用地思路，提高产出效益

土地是不可再生的资源，必须坚持土地集约化利用，通过科学规划、

合理布局，充分发挥土地资源的利用空间和潜在价值，大幅度提高土地的利用效率和产出效益，实现土地资源的可持续利用和经济社会的可持续发展。

（一）集约利用土地

随着可用土地的减少，必须提高土地利用效率，首先调整用地指标，提高土地利用率。对于单个项目，对于其项目区域内的建筑密度必须达到一定标准才可开工建设，杜绝低密度的建筑浪费土地。其次调整用地方式，提高用地效率。要求能建多层不建单层；分期建设项目，规定项目建设期限；逾期不开工项目，依法强制收回土地。最后调整用地门槛，提高用地效益。通过绿色门槛，严格控制污染企业进区；通过技术门槛，重点引进技术含量高、市场前景好的企业；通过投资门槛，重点引进投资密度大、占地面积小的企业。

（二）盘活现有土地存量

1. 充分利用闲置用地，实行"空地"招商。对区内土地使用情况进行全面清查，对逾期不开工项目，依法强制收回土地；对即将启动建设的企业要求其在规定时间内将闲置用地规划、项目建设计划上报区管委会。对工程进展缓慢或停工企业，督促其恢复建设和加快建设进度，并视情况采取强制措施。引导拥有闲置用地的企业采取融资、寻找合作伙伴等方式对闲置用地进行规划设计，积极落实建设项目，对建设进展缓慢的项目，要求企业提供项目建设保证金，并转入区财政局专门账户，由区管委会和企业对建设资金实行双控，切实保证项目建设的顺利进行。

2. "以巢引凤"，充分利用闲置楼宇厂房，实行"零地"引资。坚持政府引导、市场运作的方针，以整合资源、突出特色为重点，以商务楼为载体，通过招商引资，大力发展楼宇经济。2005 年高新区管委会就利用此办法成功运作闲置两年多的高新大厦北楼，吸引了江西省微软技术中心、中兴软件等项目入驻，大大提高了闲置地产的利用率。

3. 强化服务，吸引企业增资扩股，实行"无地"增资。充分利用现有资源，对原有科技含量高、发展前景好的项目，鼓励其增资扩股。通过此举提高现有土地上的投资强度，培育出一批主业突出、核心竞争力强、带动作用大的大企业大集团。

二 广开融资渠道，创新融资方式

充足的建设资金是保证高新区建设快速推进的前提和保障，而建设资金紧缺一直是制约高新区建设的一个瓶颈，突破这个瓶颈，则可走活开发建设的全盘棋子。建立多渠道、宽领域的融资体系，提高建设资金的使用效益，是破解资金难题的有效途径。

一是积极向国家申请各项资金支持。通过向国家申请基础设施建设国债贷款，帮助高新区完成区内主要道路及其他相应的基础设施的建设；通过每年向财政部申请基本建设贷款贴息，降低高新区的贷款成本。

二是加大力度向各商业银行申请贷款。商业银行作为企业贷款的主要实施者，在资金供应链上占据着举足轻重的地位，因此必须利用好这一传统渠道，在园区建设上争取更多的长期贷款，在企业贷款上，说服银行给予企业更加灵活的操作模式。

三是加大对资金投入的前期预测工作，提高贷款质量。高新区以前贷款总是零敲碎打，需要资金时再向银行融资贷款，因此由于放款至资金投入时间较紧，总是不能申请到大额的资金支持。通过对资金投入进行前期预测的工作，使资金的到位和投入都在宏观掌握之中，就能有效地解决疲于应付各种临时支付的问题。

四是拓宽融资渠道，缓解资金压力。由于开发力度的加大，高新区各项征地补偿及基础设施建设要求的资金量也大幅度增加。以前高新区主要的融资银行是国家开发银行，单一的融资对象已不能解决高新区大开发的资金需求。为了解决这一问题，高新区加大与各大金融机构的联系，除国有政策性银行国家开发银行外，还同时与各家国有商业银行如建设银行、工商银行、中国银行等联系沟通，争取成为各银行评定的3A级客户，以争取更大的资金支持。最近又同时与股份制银行进行接洽。多渠道融资在帮助高新区解决资金瓶颈方面起到了举足轻重的作用。

五是争取信用贷款，节约贷款成本。高新区贷款原来多采用抵押担保贷款方式，如前期的中长期基本建设贷款有的是用土地或固定资产进行抵押，有的是由区内大型企业进行担保，这些贷款方式一方面手续繁杂贷款到位缓慢；另一方面规定了土地的用途和固定资产的使用，不利于高新区土地和资产的综合规划和利用，还对担保企业有诸多要求，限制了担保企业的某些经营活动。应当充分利用高新区作为省市发展的重点区域这一优势大力向银行争取信用贷款，这样既避免了抵押贷款的繁杂手续又很大程度上节约了贷款成本，为解决开发资金问题找到一个新的方向。

三　更新招商观念，创新招商方法

当前，招商引资已成为各地发展经济的重要举措，面临的竞争日益激烈，固守传统的招商思路和方式很难取得大的成效。因此，必须通过创新招商方式和拓宽招商渠道，充分调动一切招商资源，将更多优质的企业和投资者吸引过来。

1. 注重"项目立企、项目兴区"。项目是产业转移的对接点，是产业升级的落脚点，也是经济发展的增长点。由政府为主招商逐步转变为"政府搭台、企业唱戏"，鼓励企业策划项目、开发项目、包装项目，完善和充实项目储备，用项目去吸引资金，用资金去建设项目。

2. 实施保值增值项目，为高新区储备发展后劲。提前收储土地，先做规划，后做环境，再卖土地，绿地占着，产业固着，开发一块，升值一片。

3. 注重吸引投资的"三要素"和"四条件"。根据投资者注重的投资"三要素"：产业链长、物流畅、服务好；全力为投资者创造发展的"四个条件"：首期投资成本最省、运行成本最低、市场机会最多、效益回报最快最好。

4. 创新招商措施与机制。进一步突出招商引资的抓手作用，强化领导和组织机制，形成主要领导亲自抓，分管领导具体抓，其他领导协力配合的招商氛围，把专业招商和全民招商、产业招商和功能配套招商、工业招商和农业产业化招商有机统一起来，通过采用"零距离服务"、"首问全过程负责跟踪制"和"项目调度会"等方式，强力推动在谈项目的落户、落户项目的开工、开工项目的建设及投产达标。

四　实施"三产旺区"战略，完善园区功能配套

高新区作为南昌市城市东大门，不但承担着工业化的任务，而且承担带动城市化的责任，要按照"聚集人气、完善功能、突出特色、提升品牌"的原则，打造"人气兴旺、功能完备、经济繁荣、特色鲜明、环境

优美、社会和谐"的现代化科技新城区。

一是聚集人气。充分利用高新区作为南昌市东大门和临江依湖的优势，在昌东大道两侧发展总部经济和金融、保险等功能性机构，在瑶湖大道两侧建设商业配套设施，聚集人气、提升品位。

二是完善功能。为进一步完善区域功能，满足区域的功能性需要，对区内建设用地进行修编，通过对规划结构的调整，增加功能性配套用地；重新规划商业带集中区；开展功能性项目招商；鼓励企业利用现有临街建筑开展三产服务；按规划适当调整现有部分项目用地的性质，为功能性项目的建设创造更好的条件和优质的服务。

三是突出特色。依托南昌城区功能的辐射力和京福高速公路的拉动力，充分利用主干道两侧和两湖沿岸良好的地理位置和商业价值，发展第三产业和社会公共服务业，完善城市功能，为二产提供横向服务配套；同时，依托两湖的生态资源，开发旅游产业，打造城市新的亮点，并带动第三产业的消费需求。

四是提升品牌。充分利用高新区临江依湖的地理优势，把"高新区坐落在风景绮丽的艾溪湖风景区"打造成为高新区最大的品牌。按照"删繁就简、突出特色、支持产业"的原则，结合周边高新技术产业集聚的实际，大力依托产业优化环境，凸显产业、环境、观光三大功能，促进产业与环境相协调，精心打造艾溪湖风景区，达到沿湖造绿、依湖造景、依路聚财的目的。按照"科技与人文、生态与自然"和谐发展的思路，用两到三年时间，使高新区建设成为产业密集、功能完善、人气旺盛的现代化科技新城区。

第七章　优化江西省投资环境的地区剖析：江西省新余市

良好的投资环境是决定一个地区可持续发展的关键，江西省新余市不沿海、不靠边，没有明显的区位优势和资源优势，但新余市上到各级领导，中到各个部门，下到平常百姓，都对投资环境高度重视，他们靠服务、靠信誉、靠环境打造"投资洼地"，大量集聚国际国内的项目、人才、资金、技术等生产要素，从而使得新余的发展呈现出强劲的态势，形成独特的"新余现象"。作为江西省优化投资环境的地区典型代表，本章将对新余市优化投资环境的各种做法进行初步剖析。

第一节　江西省新余市总体情况

一　江西省新余市简介

新余市地处赣西中部，是江西省 11 个设区市之一，总面积 3178 平方公里，人口 110.3 万。历史悠久的新余是传说中七仙女下凡之地，也是现代国画大师傅抱石、著名美籍华人世界艾滋病防治专家何大一的故乡。

新余是连接我国东西部地区的重要走廊，沿海经济发达地区向中西部地区梯度转移的跳板和必经之地。国内"八纵八横"铁路大动脉"八横"之一的沪昆线贯穿全境；"五纵七横"公路主骨架"七横"之一的沪瑞高速公路横贯东西，连接沿海开放地区的赣粤高速公路直通南北；建设中的武吉高速公路穿越新余与赣粤高速公路相交。随着浙赣铁路电气化改造工程的完工，新余的区位优势将进一步显现。

新余市工业基础扎实，产业配套能力不断增强。伴随着新型工业的崛起，过去新钢"一枝独秀"的产业格局被打破，已形成以钢铁为龙头，机械、纺织、化工、电力、建材等多元支柱产业。第一、二、三产业结构比例由 2000 年的 20.5：43.7：35.8 调整为 2005 年的 12.2：56.6：31.2，呈现出工业化程度提高的阶段性特点。新钢公司是全国最大的铁合金生产基地和江西省最大的钢铁生产基地，也是江西省首个年销售收入超百亿元的企业；这里还有全国缝纫坯线生产基地和省内肉制品、能源、建材、机电仪一体化生产基地。近年来引进的海螺、雨润、飞宇、华源、春龙、华翔、柳新、华通、王龙等一批全国知名的重点企业，极大地促进了新余的产业结构调整，壮大了工业经济实力。

基础设施完备，人居环境良好。随着一大批交通、水利、通信、能源、环保等基础设施项目相继落成，金融、餐饮、信息、服务、物流、商贸等第三产业日益繁荣，新余的城市配套设施日益完善，市区环境幽雅，人居条件一流。2005 年，新余城市化率达 47%，高出江西省平均水平 10 个百分点以上；人均公共绿地面积为 7.8 平方米，绿地率为 35%，列全省第一；城市管道煤气入户率为 100%。

近年来，新余市委、市政府紧紧围绕"江西崛起、新余率先"的奋斗目标，坚持实施大开放主战略，把招商引资作为经济工作的生命线，稳步推进城市化、工业化进程，呈现出持续健康快速发展的良好态势，一跃成为以工业经济为主体、外向经济为导向、各项事业欣欣向荣的江西省重点工业城市，工业化进程和城市化率均居江西省首位。先后获得了全国卫生城市、全国绿化先进城市、全国城市环境综合整治优秀城市、全国社会治安综合治理"长安杯"等多项称号。2003 年在全国 200 个大中城市综合竞争力排名中列第 66 位（省内排名仅次于南昌），2004 年被评为全省招商引资发展快设区市，2005 年被评为全省利用外资先进设区市和设区市经协工作先进单位。

二　江西省新余市开放型经济发展概况

2008 年新余市开放型经济工作取得新突破，经初步测算，2007 年开放型经济对全市经济增长的贡献率达 60%，对财政增长的贡献率达 68%；

规模以上工业实现销售收入 761.9 亿元，其中有 68.9% 来源于开放型经济；固定资产投资 353.6 亿元，其中有 63.39% 来源于开放型经济；外商企业新安置就业 1.82 万人，占全市新增就业的 62%。新余市获得 2008 年全省开放型经济发展综合奖，渝水区获得 2008 年度全省开放型经济发展综合奖，分宜县被评为 2008 年度全省引进省外资金先进县，新余经济开发区获得 2008 年度全省先进工业园区奖。赛维 LDK、新钢公司获得 2008 年度全省外贸出口突出贡献奖。

（一）开放型经济发展迈上新台阶

2008 年，全市实际使用外资 3.71 亿美元，同比增长 30.6%，增幅列全省第一，完成全年计划的 184.7%；现汇进资 3.69 亿美元，现汇比重达 99.3%，现汇总量列全省第二、比重列全省第一。引进国内市外资金 93.1 亿元，增长 21.5%，完成全年计划的 116.4%，内资各项指标综合列全省第一。外贸进出口总额 41.9 亿美元，增长 219.6%，完成全年计划的 209.3%，进出口总额和增幅均列全省第一，增幅遥遥领先于江西省其他设区市；其中出口 19.39 亿美元，增长 182.4%，总量列全省第二，增幅列全省第一。

（二）开放型经济结构调整取得新进展

工业项目主导格局进一步显现，外贸出口结构进一步优化，重点企业主导出口格局进一步凸显，出口市场向多元化发展。全年共引进国内市外 5000 万元以上工业项目 61 个，实际进资 75.86 亿元，增长 73.9%，1000 万美元以上外资项目 7 个，实际进资 2.5 亿美元，增长 153.34%。内资工业项目实际进资 77.52 亿元，占总量的 83%，外资工业项目实际进资 3.61 亿美元，占总量的 97%。全年高新技术产品实现出口 12.13 亿美元，占全市出口总量的 62.56%。出口国家由 2007 年的 67 个增加到 2008 年的 76 个。

（三）开放型经济发展环境实现新改善

口岸平台建设进入全省先进行列，在新余海关、江西出入境检验检疫局新余办事处相继开关、开检基础上，2008 年新余铁路货场正式投入运行。2008 年 12 月，赣西第一条铁海联运线路（新余至厦门）正式在新余市开通。工业园区已成为新余市发展开放型经济的主要载体和增长极。"亲商、安商、富商"、"效率高、信誉好"的品牌正日益得到客商认同。

第二节　江西省新余市优化投资环境的主要做法及取得的成就

一　制定优化投资环境法规，为优化投资环境提供可靠的法律依据

2005 年 1 月 1 日起施行的《新余市优化投资环境规定》是一部为优化投资环境而专门实施的地方性法规。它对优化投资环境进行了界定，并对政府和其他相关部门的职责和行为提出具体的规范。目的在于吸引外商投资，保障投资者和企业的合法权益。它对优化投资环境的界定是，指行政机关为投资者和企业提供公开透明、便捷高效、公正廉洁的服务，维护统一开放、公平竞争、诚实守信的投资环境。优化投资环境实行行政首长负责制，大力营造亲商、安商、富商和"人人都是投资环境，个个都是形象大使"的氛围，促进本市经济快速发展。努力提高外商政治待遇，为其参政议政提供广泛机会。具体的条款有六章 60 条，从全文来看，虽然对投资环境的定义过于狭窄，仅限于政府行政行为的转变，但全面规范了政府各部门的行为，改善了政务环境，显著地提高了外商的地位，能为外来企业的投资、合法经营和财产提供制度保障。

二　开展综合测评，为优化投资环境提供充分的信息保障

2005 年 1 月 1 日起新余市开展综合测评，为确保综合测评工作顺利开展，专门成立新余市加强机关作风建设、优化经济发展环境综合测评委员会。具体要求如下：

1. 各被评单位要高度重视，按照"三个代表"重要思想的要求，把综合测评工作作为一件大事来抓。主要领导要负总责，亲自抓，周密安排，精心组织；各单位要成立综合测评领导小组；加大宣传发动力度，营造综合测评的良好氛围；主动配合、支持综合测评评议员的工作，确保综合测评工作顺利进行。

2. 坚持"纠"、"评"、"建"相结合，力求工作实效。测评工作中，要处理好"纠"、"评"、"建"的关系，使测评成为加强机关作风建设、优化经济发展环境的桥梁和纽带。通过测评，有效解决本部门存在的影响作风建设、发展环境的主要问题，人民群众密切关注的热点、难点问题；通过测评，切实转变行风、转变职能、提高执法水平、提高办事效率，提高服务质量。

3. 切实开门测评，广纳群言。在认真查找自身问题的同时，各被评单位要不断拓宽监督渠道，广泛征求社会各界的意见和建议，采取有效措施鼓励群众参加评议。

4. 紧紧抓住整顿提高这一关键环节，坚持把整改贯穿始终。对基层、企业、群众反映的各种问题要认真梳理，逐条进行整改。能及时整改的，要立即整改；一时难以整改的，要向综合测评委员会做出说明。整改情况要上报市综合测评委员会办公室。对于有错不纠，整改不到位和顶风违纪的，要追究有关领导和当事人的责任。

5. 严明纪律，严肃查处违纪违规问题。在组织测评活动中，工作人员要认真负责，遵守纪律，严守秘密，不得有下列行为：擅自修改测评资料，改变测评结果；隐瞒或销毁原始测评资料，影响测评结果；诱导群众进行虚假测评；测评结果统计出现重大失误；接受参评部门宴请、馈赠和安排娱乐活动。参评部门不得有下列行为：采取不当手段拉票，干扰正常测评；虚报成绩，搞假材料。凡违反者，予以通报批评，情节严重的给予党纪政纪处分。

6. 县（区）委、政府及相关部门要积极配合综合测评工作，以高度的政治责任感做好这项工作，动员社会各界人士和广大群众积极参与、大力支持，使这项工作圆满完成。

三　设立经济管理环境委员会，为优化投资环境提供专门的执行平台

好的制度，需要一个好的执行者。新余市率先在全省设立了环境管理委员会，是新余市投资环境的管理者和监督者。管委会全面实行首问责任制、限时办结制和现场办公制，改"串联式"办公为"并联式"办公。对引进来的外商，市里给予全天候、全方位、全过程的保姆式服务，使得执行各项政策力度到位。新余市经济管理环境委员会具体的工作有：

1. 进一步发挥优化经济发展环境的职能作用，会同有关部门认真做

好综合测评工作。全市开展了加强机关作风建设、优化经济发展环境综合测评活动。按照市委、市政府的统一部署，管委会会同市监察局等有关部门草拟了实施方案，做了大量的宣传、组织、协调、督查工作，有力地促进了机关作风的进一步转变和经济发展环境的进一步优化。

2. 围绕市委、市政府的中心工作做好各项工作。比如为新余市发展楼宇经济做好各项服务工作，对涉及楼宇经济发展的新开发楼盘和闲置用房的出租、售卖、合作和招商引资等项目，进入"绿色通道"，做到特事特办，提高办事效率和服务水平。

3. 加强市行政服务中心各项管理建设，规范各项管理制度。结合新余市实际，制定了《新余市行政服务中心窗口工作人员管理办法》和《关于进一步做好市行政服务中心集中办理行政服务事项的通知》两个文件，并将市行政服务中心的考核工作列入了全市目标管理考评和综合测评内容，有力地促进了行政职能的建设；完善行政许可集中办理制度，规范进驻中心的行政事项和收费事项，对进驻市行政服务中心的行政许可和收费事项进行了全面梳理，编制了《新余市行政服务事项目录》；加强窗口工作人员的考核与管理，规范和完善考核方式，制定了《新余市行政服务中心窗口服务工作考核办法》和《新余市行政服务中心窗口服务工作考核评分细则》，对窗口单位的服务意识、规范服务、服务质量、文明服务、服务评价五大类共15个方面的工作进行百分制考评，考核结果以通报形式每月下发至各窗口单位和市综合测评委。

4. 提升市行政服务中心的服务质量和服务水平，创新服务方式。督促各窗口简化办事程序，扩大窗口授权，大力推进审批提速；建立"投资项目绿色通道"，凡是进入绿色通道的外商投资和全民创业项目，做到特事特办，无偿提供咨询服务和代理办理各种证照服务；拓展"一站式"服务功能，加强代理受理和定期办理、预约办理服务工作，推出对部门委托的业务量小的行政许可项目、内部管理项目和其他服务事项代为受理、转交办理、代为送达服务，做好季节性办理、定期受理办理和节假日预约办理的服务管理工作，并对外资企业实行联合年检；加强建设项目一站式收费把关工作，修订印发了《新余市行政服务中心建设项目"一站式"收费工作暂行规定（试行）》，及时召开了建设项目"一站式"收费有关会议，杜绝了少数建设项目规费少缴的现象，并就全市建设项目"一站式"收费单位进行了专项检查，对历史遗留问题进行了督办，认真审核每一笔建设项目收费，还开展了对重点项目的并联审批。

5. 加强中心外服务大厅监管，全面提高全市窗口服务水平。制定了《市经管委对市行政服务中心外的各办证服务大厅实行监督的试行办法》，对全市14个交易、交流、办证、收费等服务大厅的日常工作开展了有效的管理监督。重点从完善各专业大厅的服务功能入手，具体帮助他们协调解决制约功能充分发挥的问题及困难；加强检查、监督和评比工作，通过评比，各专业大厅形成了你争我赶的大好局面，全面提升了全市服务窗口的服务水平。

6. 积极做好外商投诉协调处理工作，建立与外商的密切联系机制。强化投诉网络基础建设，完善投诉网络的工作机制。全市已初步建立了由市投诉中心、市直单位职能科室、县区投诉中心组成的投诉处理网络。为维护企业和投资者的合法权益，开展了领导干部集中下访月活动，集中解决了一些如强装强卸、强揽工程、企业周边治安环境、企业用电难等投诉重点、难点问题。定期走访重点外商企业，尤其加强与福建商会、浙江商会的联系，变"上访"为"下访"，为广大外商当好"经济110"。分别邀请部分房地产开发企业负责人、新闻商会、浙江商会部分企业负责人座谈，就如何进一步服务楼宇经济，及时解决新余市房地产开发建设过程中以及其他经济发展中存在的问题等主动征求外商的意见，并分门别类进行归纳梳理，形成处理意见并逐一落实反馈，与会外商非常满意，有效解决了外商生产、生活中遇到的困难和问题。

四　各职能部门齐抓共管，为优化投资环境提供优质的部门服务

1. 市行政服务中心工商窗口多年来充分发挥工商职能，强化服务措施，在工作中坚持"四个注重"，积极打造"服务型工商窗口"。通过注重学习教育、注重行为规范、注重高效服务、注重行为建设，在窗口营造了风正气顺的工作氛围、建立健全了公正透明的监督机制、全面提高了工商窗口的服务水平、精心塑造了清正廉洁的执法形象，窗口工作多次受到省、市有关部门表彰，在市行政服务中心树立了优质服务的典范。

2. 市人事局为帮助江西赛维公司引进高素质人才赴美学习深造，多次主动陪同外商到重点高等院校招聘员工。大力实施"十万农民"培训

工程，已免费培训农民工 1.5 万人。利用春节等在外务工人员返乡的高峰时期，深入到人力资源丰富的乡镇开展各类招聘会。仅 2007 年春节期间举办的"外企招工半月行"活动就为外商企业招聘员工 6000 余人；同时还依托新余市职业教育优势，根据企业的需要，开展订单培训。目前，春龙集团与赣西职业学院、飞宇电子与渝州电子学院等都签订了订单培训协议。

3. 市国资系统抽调了 14 名懂经营、会管理、能办事的人员挂点帮扶十余个全市重点工程（企业）项目。为了增强挂点帮扶实效，还加强了督查调度工作。市国资系统领导多次分批到挂点项目走访调研，了解并督促挂点工作。同时，为了增强各挂点人员的责任感，市国资公司成立了挂点帮扶重点项目协调办公室，专门对责任人员的挂点帮扶工作进行跟踪、检查、督促。该公司多次召开挂点帮扶工作调度会，要求各相关责任人逐一介绍挂点工作情况，不断加大帮扶力度，为推进项目建设和促进企业发展做出应有的贡献。

4. 市劳动和社会保障局、市文化局、市开发区等部门在春节期间联合举办了 4 场"文化下乡暨回乡创业、本地就业"专场招聘会，现场聘用近千人，得到外商的交口称赞。"外商融入新余"工程的实施让 50 多位外商免费按"县级干部"标准体检，有两位外商当选为市政协常委、6 位外商当选为市政协委员，两位外商被评为省劳模、1 位外商被评为全市十大杰出创业青年，从而在更高的层面上体现了新余市对外商的人文关怀。

5. 新余市地税局办税服务厅完善服务功能，设立导税台、提醒纳税人应当注意的事项和内容。并采取电子触摸屏、电子显示屏、政策公开栏等形式，明确限时、延时、预约和上门等服务事项，严格规范行为。全过程实行政务公开，全方位拓宽公开渠道，设立了咨询、举报、投诉栏目，力争纳税服务达到"五个零"标准，即纳税服务零距离、服务质量零缺陷、服务流程零障碍、纳税人办事零成本、服务对象零投诉。

五　全力强化政府的服务职能，为优化投资环境提供亲商的政务氛围

政府的公共服务无小事，细节出成效。为投资者做好的每一件事、服务的每一项工作，都是在打造新余的品牌，都是在为新余的招商引资实现大跨越储能蓄势。

（一）政府以诚待商、守信于民

作为建立新余社会信用体系的倡导者和维护者，新余市政府始终把诚信作为开展各项工作的基本准则。在维护政策的连续性上，过去对外商的承诺，现任政府一律认账，优惠政策一律兑现，不仅做到新官理旧事，而且还尽力做到理好事，严禁朝令夕改、政出多门等现象。新一届政府承诺：在践诺方面，做到了言必行、行必果，对外商的各项承诺就算自己吃亏也要坚决予以兑现，受到了外商好评。为进一步塑造新余的诚信品牌，这两年市财政偿还的银行债务达数亿元之多。在新余市投资了多个项目，并帮助引进了不少项目，总投资过百亿元的春龙集团董事长何春富对此深有感触："新余市政府是讲信用的政府，说话算数。上届政府欠银行、欠企业、欠工程的钱，这届政府一年年还，还了好几亿了。只要合同上承诺的，新余就能百分之百做到！"2004—2006 年，新余市政府连续被评为"诚信政府"，且被中国城市竞争力研究会评选为中国城市"诚信政府"前 30 名，是江西省唯一进入前三十位的城市。

（二）从为外商提供最佳的便利出发，提供全天候、全方位、全过程的保姆式服务

新余市率先在江西省设立了集办证、收费、服务于一体的办证（收费）政务大厅。在具体操作过程中，从制度创新入手，要求职能部门在办证窗口设立首席全权代表，充分授权，现场受理，限时办结；畅通投资审批"绿色通道"，实行"一家受理，抄告相关，并联审批、限时办结"的制度；大力削减行政审批事项，压缩审批环节，对一般审批办证事项实行一审一核制。2001 年以来，新余市政府先后三次取消行政审批事项 657 项。为优化市经济开发区的发展环境，市政府主要领导每月主持召开市经济开发区项目督办与优化环境协调例会，帮助外商解决生产、生活上的困难和问题。中央、省属企业要进行技改扩建，市县区无条件做好征地拆迁及农民的安置工作；中央、省属企业要剥离办社会，上级有政策的不折不扣的执行，上级没有政策的，只要企业需要，都主动帮助剥离，使企业能够"轻装上阵"。中央、省属企业要改制，全部享受市属企业改制的一切优惠政策。不仅严令市直各单位不得以任何借口到企业以检查为名行收费之实，而且主动撤掉那些依附企业发展的村办经济。新钢公司 300 万吨薄

板技改工程 2000 余亩的征地、30 个自然村、1200 多户农民的拆迁安置，渝水区不到两个月就全部征地拆迁到位，保证了技改工程如期开工。对企业新上项目实行跟踪服务制度，开展创业辅导服务，吸引中小企业集聚创业。为破解这些中小企业资金瓶颈，新余市将几亿元的行政事业单位非经营性资产整体划转中小企业贷款担保中心，为中小企业融资搭建便捷通道；为破解人力资源瓶颈，充分发挥民办教育优势，在市内各民办院校开设与企业对口的机械、电子、纺织等多个专业，实行定向培养，根据企业需求，为园区内企业订单培训、推荐、输送各类技术员工。

（三）规范政府行为，坚决制止各种乱收费

2002 年起，新余市委、市政府每年都要开展以整治和优化经济发展环境为主题的政府效能监察。特别是 2005 年深入开展的"加强机关作风建设，优化经济发展环境"综合测评活动，不仅将政府部门纳入测评范围，而且将与群众生活密切相关的水、电、气等企事业单位以及政府部门的重要内设科室纳入测评范围，大大改善了职能部门的服务质量，提升了服务水平，提高了办事效率，有力地惩治了推诿扯皮的"衙门作风"和向企业乱罚款、乱检查、乱摊派、乱收费的"四乱现象"。

（四）采取"富商"政策，用"利润倒算法"确保投资者得到理想的预期回报

外来投资 200 万美元以上的基础建设和公益项目减免 33 项缴费项目；积极推进行政审批制度改革，行政审批事项取消率达 76%；不断完善内部管理和自律机制，成立改善投资环境办公室，建立投诉中心，维护优良秩序。

六 以招引重大项目为切入点，为优化投资环境提供强大的产业依托

新余市深刻地感受到在竞相比拼的重大项目争夺战中，优化投资环境是关键，周到细致、深层次的细节式服务是制胜的法宝。把全天候、全方位、全过程的"三全"保姆式服务贯穿于招商活动的始终，既重视前期引进，更重视后续服务跟进。以促成落户企业成功作为最终目的，用领导的诚心引商、热心待商、贴心助商，用真情感动客商、吸引客商、留住客商，以优质高效的个性化服务打造招商引资的环境"金招牌"，促进项目引进落户。为使重大项目引进、形成产业集群格局取得成效，新余市始终

坚持以亲力亲为的领导魅力、逐渐完善的平台体系、日趋成熟的运作方式和周到细致的个性服务来助推支柱产业发展，实现了客商资源日益丰富、招商链条日益拉长、产业配套日益完善的集聚功效。

（一）领导高位推动，狠抓重大项目落实

省市领导亲为定局，是重大项目引进的重要保证。新余市引进的重大产业项目，无一不凝聚着党政领导的辛勤汗水。为支持江西赛维 LDK 在美国上市和 1.5 万吨硅料项目建设，市领导多次到企业调查研究，亲自协调亲自抓；中共十七大期间，市领导还利用在北京开会的机会，反复与央企中材集团高层沟通，促成了总投资 60 亿元的中材高科工业园项目落户，双方战略合作新闻发布会已于 2008 年 1 月 29 日在江西饭店举行。为进一步做大做强光伏产业，市领导赴意大利、奔浙江、跑广东、访江苏，仅光伏专题招商会就达 6 次之多。凌成兴常务副省长、省委常委、副省长赵智勇及副省长洪礼和等省领导先后 6 次带领省发改委、财政、国土、金融等省直有关部门负责人到新余召开现场办公会，帮助协调解决重大项目建设过程中的诸多难题，为新余市在更高层面推进产业集群创造了条件。

（二）全心全意为重点企业服务，加速产业发展

江西赛维 LDK 创建之初，市领导带领班子成员每月要到赛维现场办公一次。新余市人事局全员行动起来，成立 10 个小分队，分赴全国各大人才市场为赛维网罗人才。为全力支持江西赛维做强做大，市各部门特事特办、急事急办、好事快办，切实帮助赛维解决各种问题。赛维的扩建征用了大量的土地，在土地征用过程中，涉及农田、拆迁、补偿、安置等敏感繁杂的事情，市里全部包办下来，用最快的速度为赛维建设铺平道路，曾经在 20 多天内就炸平了用于赛维厂区建设的两座山头。赛维要求对其生产 24 小时供电，赣西供电公司在短短一年里，为赛维公司建设了总容量为 151.8 万千伏安的 6 座变电站，相当于再造了一个赣西电网。赛维从德国、瑞典、意大利等国聘用专家，长期在新余工作，为使这部分人能安心在新余工作，市里拿出 1000 亩土地支持赛维建设欧洲城，就像美国的唐人街一样。对此，江西赛维的负责人彭小峰深有感触地说："如果赛维不是落户在新余，也许赛维也可以发展得很好，但是可能没有这么快！"

（三）以园区经济为核心，形成经济发展的主要增长极

园区建设是区域经济发展的有效载体，是改变城乡二元结构、统筹城

乡经济社会发展、推进城市化进程的最佳结合点，园区经济发展的速度、膨胀的规模，在很大程度上决定着一个地方经济的总体实力，也是一个地方经济繁荣与否的重要标志。新余始终坚持把园区经济摆在经济发展的重中之重，举全市之力支持园区经济发展，涌现了几百名干部抓招商、抓项目的壮举。新余经济开发区聘请国外著名的规划设计机构进行规划设计，从无到有、从小到大、从弱到强，形成了以光伏、机械加工、电子、金属压延加工、医药食品、纺织服饰为主的六大支柱产业，经济总量占全市的40%以上，综合实力跃居全省工业园区的第3位。分宜工业园形成了新材料、钢铁机械、电子、制药、轻纺五大支柱产业。渝水区采取腾笼换鸟、高位嫁接，构建了良山特钢工业基地，成功打造了袁河工业平台。

（四）搭建平台网络，提升产业承载能力

在推进产业集聚过程中，新余市十分注重构建产业链式化招商的平台支撑。为促进钢铁、光伏和新材料产业发展，新余经济开发区扩增量，确保1.5万吨硅料项目用地需要；盘存量，大力开展土地清理整顿，收回闲置用地近1000亩，盘活给中材新材料和天能电力项目；提质量，抬高准入门槛，集约利用土地。渝水区定位于"新余经济开发区的接替区，新钢公司的辅料区、矿产资源精深加工的原发地、中小企业的孵化园"，全力打造良山、袁河、下村三大工业基地，落户钢铁产业相关企业100余家、引进光伏产业两个。分宜县在加大工业园区建设的同时，着手构建江锂两分电工业走廊，积极为新材料产业发展谋篇布局。

（五）健全投资服务体系，完善产业集聚环境

为破解融资难、物流难、人才难，新余市先后为担保中心注入优质资产6.3亿元，为企业担保贷款15亿元。先后两次与江西信托投资公司合作筹集2.8亿元信托基金，用于支持引进的重大项目建设。积极帮助浦发银行、招商银行等7家股份制商业银行将融资业务延伸到新余市，融资余额近20亿元。着手组建三个政府性质的投资公司，注入8亿元可经营性资产，投资那些拟上市的企业。引进了新余天润物流市场，落户了华宇物流、佳吉物流等一批知名的物流企业，加快了新钢和江锂两货运站建设，进一步完善了物流网络。兴建了赣西最大的人才市场，在新余高专开办了全国首个太阳能光伏专业，为光伏产业的发展提供了充足的人才支持。

七　把吸引人才当成关键，为优化投资环境提供充足的人力资源

"功以才成，业由才广"。人才，是古今中外成就事业的关键因素。新余市始终坚持人才强市战略，走出了一条"梧桐引凤、项目引才，借智开发、自主创新"的发展新路。

（一）切实转变观念，创新思路聚人才

针对一些欠发达地区盲目招商引资，甚至不惜以牺牲生态环境为代价发展经济的现象，新余市认真吸取教训，转变发展观念，强调"人才资源是第一资源"，提出由注重发挥资本的优势向注重发挥人才的优势转变，由注重招商引资向注重招才引智转变，由注重经济利益吸引人才向注重成就事业吸引人才转变。明确了欠发达地区实现经济的跨越式发展，必须发挥人才优势，坚持集聚人才促发展的思路，建立"三合一"引人、用人模式，为人才干事创业创造条件。

（二）打造项目载体，拓宽人才创业平台

坚持项目建设和人才引进齐抓并举，相互促进。近年来，新余市围绕光伏、新材料、钢铁深加工等重点项目，设立技术创新专项资金，在每年的工业发展专项基金中，划拨200万元支持企业技术创新，鼓励企业建立工程技术研究中心或企业技术中心。目前已有国家级企业技术中心两个，省级工程技术研究中心两个。近三年来，全市共引进高层次人才近400人。

（三）发挥政策导向作用，坚持以待遇引人、留人

新余市从实施人才强市战略需要出发，相继出台了《新余市引进高层次人才暂行办法》等一系列政策性文件，在教育培训、职称评聘、注册、税收、住房、子女教育等各个方面给予高层次人才政策倾斜和扶持。市财政每年拿出100万元建立人才发展专项资金，实施"新余崛起"高层次人才培养计划和领军人才建设工程。同时，制订《新余市科学技术奖励实施细则》等一系列符合本地实际的地方性科技创新鼓励措施，激发高技能人才的创业热情。

（四）创造优美人居环境，发挥山清水秀的"留驻效应"

好的环境就是生产力、吸引力和凝聚力。在推进工业化、城市化的进程中，大力强化生态环境保护，不断完善城市基础设施建设，提升城市生产生活和服务功能，营造"优、净、美、绿、畅、安"的高品质人居环

境。新余市先后被评为国家园林城市、全国绿化先进城市、全国卫生城市、全国社会治安综合治理先进城市。

八　着力改善综合环境，为优化投资环境提供长期的发展优势

（一）营造诚实高效的人文环境

各级各部门带头遵守和维护政府信用，做到诚信招商、热心待商、贴心助商，不断提高政府的公信力。积极推进金融安全小区建设，严肃查处逃避金融债务行为，推进企业和个人的信用登记等制度建设，逐步建立覆盖全社会的信用体系。进一步简化办事程序，提高办事效率，杜绝部门之间互相扯皮、推诿现象，完善首问负责制、一次性告知制、限时办结制，做好外商投诉查处，限期解决外商投诉案件，依法保护外商合法权益，主动、热心为外商排忧解难。开辟项目绿色通道，提供从立项审批、开工建设到投产达标全过程、快捷高效的"护卫舰式"服务，及时帮助企业解决前期落户建设及融资难、招工难等问题，帮促企业顺利发展。

（二）营造无缝对接的产业配套环境

进一步延伸服务外商的内涵和质量，促使优化投资环境向更加注重融资服务、注重物流配套、注重人才队伍建设转变。开工建设新余到分宜的一级公路和良山到九龙互通的二级公路，加快新余洋坊站和铁路"二通道"扩容改造步伐，争取规划建设新周铁路延伸到峡江并与京九互通的铁路运输线，尽快启动袁河四级航运改造，通航 500 吨级船舶，配合樟树、新干赣江航运码头改造，积极推进与福建华荣海运公司的合作，逐步打通铁海、公海和江海联运通道。大力引进股份制商业银行和外资银行及风险投资机构在新余开展业务，拓宽融资渠道。进一步完善中小企业信用担保体系，壮大担保规模，增强担保实力。积极创建博士后工作站和高层次人才创业园，组建新余光伏职业技术学院，推进高等职业教育，加大农民工培训力度，多层次、多渠道培训企业经营管理人才、高级技术人员和产业技术工人，为开放型经济超常规发展提供人才支撑。

（三）营造低成本的商务环境

以降低企业商务成本为目标，进一步推进大通关建设，加强与海关、商检的沟通与合作，完善"属地报关、口岸验放"等通关服务和出入境检验检疫服务便利措施，降低进出口企业的通关成本。加快电子信息平台

建设，加强关、检、贸、运协调配合，引进国际物流企业和货运代理公司；加快新余天润物流市场建设步伐，大力发展汽车货运产业，降低企业物流成本。做好加工贸易产业梯度转移承接工作，力争国家批准新余市为重点承接基地；加大经济开发区申报国家级开发区和出口加工区的力度，启动公共保税仓建设，帮助、引导企业适应新的《劳动合同法》。

（四）营造贴心的服务环境

新余市关于"赛维桥"的故事可谓家喻户晓，说的是随着赛维这家企业规模的快速扩张，其原有厂房已难满足企业发展的需要，于是赛维要在新余经济开发区新建"硅料生产车间"，而这一区域正好位于高速公路的另一侧，为保证项目的正常运转和尽快完工，新余市政府主动提出建一座横跨高速公路、耗资几千万元的"赛维桥"，这一举措在新余被传为佳话，深得民心，也深深地感动了外来投资企业；足见新余市打造优良投资环境的决心和诚意。具体做法：一是大力支持国有企业改革，引导各种经济成分参与国有、集体企业改制，积极培植企业集团，做大做强骨干企业。为企业快速进入并发展壮大提供便利条件和高效服务。二是弘扬诚实信用道德准则，加强企业信用的信息化建设，建立信用激励机制和失信惩戒机制，营造良好的信用环境，维护依法经营、公平竞争、诚实守信的文明经营风尚。三是积极为企业发展保驾护航，着力提高企业的合法经营意识，严厉打击侵犯企业合法权益的违法行为，对重点骨干企业的违规经营行为，实行首次不罚，重在教育。

（五）营造崭新的城市环境

近几年，新余市在提升发展软环境的同时，也着力打造城市硬环境，不断完善城市功能，提升发展形象。几年来累计投入城建资金近40亿元，新建改造了"十路三桥"等一批城市建设重点工程，城区"二环四纵五横道路网"基本形成，孔目江新城一江两岸景观初现端倪，湿地公园成为全省一流的城市生态型公园。同时，围绕建设江西最美丽城市这一目标，重点推进了抱石大道改造、北湖公园改造、仙来大道改造工程、袁河抬水工程、抱石公园二期改造工程、仰天岗森林公园建设、城东新区东方绿苑建设、第四水厂、仙女湖大道、劳动北路商务中心城市建设工程，使城在水中、水在绿中、绿在景中、景在城中。并加快洋坊编组站扩建、天然气进余、新余火车站扩建、新余汽车站建设、清宜线、新上线一级公路改造、罗坊至新干连接线一级公路、新余电厂扩建工程等十大基础设施建设，开通新余—厦门铁海联运，设立海关、商检，构建工业孵化基地等，为各类投资商打开发财之门。

第三节　江西省新余市目前在优化投资环境上存在的主要问题

一　基层执行不到位，政务环境有待完善

（一）存在执法尺度不一，随意性过大现象

有些执法部门掺杂部门和个人利益，视关系亲疏而尺度不一，随意性过大。比如，环保部门给二化的排污费征收通知单上为309万元，后经多次磋商，最后付了16万元。城管部门一临时工对前卫化工厂大楼装修下发罚款通知书，要按工程款的3%罚款，后经多次交涉，同意按1%罚款，但一直没有罚款，至今此事不了了之。又如，韶嘉房地产开发公司在自己的工地上建立一个工程全貌图的形象牌，城管部门要罚款，而有的房产商的形象牌搭在人行道上都可以，还不收钱。

（二）服务意识不够强，服务质量有待提高

一是服务态度不够好。个别基层公务员素质有待提高，积极性不足，官本位意识还比较强。如有企业感言在市长面前人模人样，在经办人面前孙子不如。劳动保障局一些部门服务态度冷淡；妇幼保健院、人民医院等大多数公立医院没有站在患者角度为患者考虑，只顾自身利益，服务态度很不理想。

二是工作服务不到位。如某狩猎场反映在办理持枪证过程中，有关部门配合不能令投资者满意。

三是办证中心没有真正做到"一站式"服务，只管交费盖章，有的办事还是要回到主管部门，比过去还多跑一趟，增添了麻烦。比如，环境卫生服务费收取，先到办证大厅领表填写，然后到环卫处审批（签字），再回到大厅交钱。又如白蚁防治费收取，先到大厅交资料、交钱，然后到白蚁防治所填证，再回到办证大厅盖章。

　　四是政府部门对企业的参观、检查太频繁，并且随意性大，影响企业的日常生产，增加企业负担。有些部门组织的培训过多，并且走形式的现象时有发生。

　　（三）存在多头多层执法，处罚重复现象

　　一是多头执法。以城市管理为例，涉及城市市容、环境卫生、城市园林绿化、城市规划、市政管理、工商行政管理、公安交通管理等多个部门的执法管理权，比如房产开发的绿化绿地问题涉及园林处、规划部门、市容管理部门等多个部门。音像制品管理涉及新闻出版局、公安局、文化局等多个部门。

　　二是多层执法。同一部门市区两级机构都有执法权，共同负责城区的管理业务，没有明确的区域划分，容易产生重复处罚。

　　（四）执法监督"弱化"，执法权力约束缺失

　　当前，针对行政行为常设的监督机构有审计部门、监察部门、政府法制办及经济环境管委会。但实际上，四个部门的监督作用十分有限，审计部门主要从事财务的监督，以及机关或企业负责人的离任审计、经济案件委托审计等业务，对单纯的行政事项违法基本不介入，监察部门主要审查干部的违法违纪行为。这种执法监督力量分散的状况使得执法监督不到位，而且某些法院判决或仲裁结果得不到有效执行。相当一部分企业和群众还处于"不懂告"、"不愿告"和"不敢告"的状态，对新余市执法机构能否依法律规定办事还存在疑虑。大多数投资者怕给今后办事带来麻烦，往往不愿说，或者就现象谈现象，不涉及具体的人和事。

二　金融服务意识不强，融资环境有待改进

　　（一）银行融资渠道单一

　　只有银行贷款一条途径，而且主要是依赖四大国有商业银行，缺乏中小银行和其他融资机构。而中小企业贷款一般金额小频率高、时间要求急，导致银行为中小企业贷款成本较高，目前又没有为中小企业贷款的利率浮动机制，使四大国有商业银行缺乏为大多数中小企业贷款的积极性。

　　（二）企业融资有困难

　　为消化历史原因造成的呆坏账，银行追求"贷款零风险"，却缺乏科

学评价贷款风险的信贷人员，导致信贷条件苛刻，"惜贷"现象严重。企业"贷款难"与银行"难贷款"现象同时并存，一边是迫切需要资金，一边却是钱"捂"在银行放不出。融资的困难严重影响了企业的生产，使得企业不能开足马力生产，错过了宝贵的商机。

（三）银行服务水平不高

由于新余市重点发展外向型经济，而当地银行并没有及时跟上形势发展的要求，一些员工对信用证、票据等新金融业务还不熟悉，影响了企业业务的开展。

（四）抵押贷款困难

一是企业资产登记、评估费用高，随意性大，手续繁杂，时间长。

二是一些外资企业先上马再办理各种手续，资产没有合法评估，使企业缺乏符合金融机构要求的有效担保和抵押资产。

三 居民综合素质不高，人文环境有待提高

（一）一些服务行业从业人员素质偏低，影响新余对外的形象

宾馆、酒店、出租车服务行业等城市窗口单位的工作人员，有的素质较低、业务不熟，有的态度恶劣，给外商留下不好的印象。比如，曾有一外商入住宾馆时使用支票，宾馆服务人员因接触少，怕有假而拒收，要求支付现金，而外商没有使用现金的习惯，致使外商陷入尴尬境地，事后该宾馆虽多次道歉，但影响了外商对新余的评价。

（二）强装强卸现象屡禁不止

比如，在渝州大桥工地上，送材料的车辆因拿错了型号不同的涵管，欲掉头回去换，廖家村委的村民硬要卸下来，然后又装上去，收取装卸费。更有甚者是漫天要价，卸一车草皮要收取 800 元钱，而买一车草皮也只要 800 元。

（三）企业周边治安事件时有发生

部分企业认为企业周边的社会治安不太安全，亟待改善，个别企业表示经常受到敲诈或勒索。企业周边时有盗窃、哄抢、非法收购工业原材料、破坏生产经营等违法现象发生，严重干扰了企业的正常生产。比如，在罗坊种植花卉苗木的雨润公司，接二连三地发生多起破坏生产经营的事，一起是引水灌溉的几十米管子被周边村民割了十几道口子；一起是被

拔掉 70 多棵树苗；一起是抗旱时电被拉掉。

第四节　优化江西省新余市投资环境的对策建议

打造一个良好的投资发展环境是新余市实现继续解放思想、科学发展的重要保障，随着我国加入世界贸易组织以及改革开放的深入，各地新一轮经济发展和竞争的态势，对投资环境提出了更高的要求。改善投资环境是一项复杂的系统工程，尤其是软环境，并非一朝一夕就可解决，需要方方面面共同努力，进行综合治理。通观新余市当前投资发展环境的现状，针对其中仍然存在着的一些问题，需要做好如下几个方面：

一　深化行政管理体制改革，营造廉洁高效的政务环境

（一）优化行政审批事项

当前，职能交叉重叠的弊端比较明显，应当引起重视，尽快整合、优化程序。一是对现有的各种审批事项进行系统清理，分清哪些审批可以优化，哪些审批时间可以缩短，哪些职能重叠应进一步改进。对不利于投资者的环节，即有碍加快审批的环节要及时优化和调整，着重解决环节过多过繁、政策界定不明晰、条文"软约束"、标准不统一、审批时间过长等问题。二是在清理削减审批事项、改革审批方式的基础上，探索实行相对集中行政审批权。对现有的审批事项，应当明确程序规范和时间最短化，给予公告并加以明示。三是建立全程跟踪服务制度，防止"不给好处不办事、给好处乱办事"的行为发生，制定并完善"项目跟踪责任制"、"企业定期走访制"、"重大事项协调制"、"政府信息公开制"、"服务承诺制"等制度。

（二）加快推进行政综合执法改革

一是尽快在城市管理领域启动综合执法试点工作，成立城市管理综合执法机构，统一行使城市市容、环境卫生、城市园林绿化、城市规划、市政管理等方面的行政执法权。

二是同时逐步推进文化领域行政综合执法改革，统一文化、广电、通信、新闻出版等部门的行政执法权。

三是推进经济领域的行政综合执法改革，统一标准计量、食品卫生、工商管理等部门的行政执法权。

四是坚持"两个相对集中"、"两个适当分离"的改革方向，即通过实现相对集中行政审批权、相对集中行政处罚权来实现执行权同决策权、监督权的适当分离，审批管理权同行政处罚权的适当分离，建立统一、规范、高效的行政执法体制。

（三）以市政府名义制定规范行政行为的规范性文件

对行政执法、行政审批办证、行政检查、行政收费等行政行为的程序、要求做出明确具体的规定。一是将有关部门已经制定的有关规章制度细化后纳入，比如，行政执法责任制、执法过错追究制、首问责任制、行政不作为责任追究制、公文限时办结制、行政检查报批制、收费登记制度、对损害经济环境行为行政处分的规定等。二是严格行政执法主体资格，对目前仍在执法岗位上的非公务员的各类性质人员特别是临时工进行清退。

（四）增强服务意识，提高服务能力

要提供良好的服务，首先要有服务的意识，只有有了服务的意识，才能够沉下心来，深入到需要服务的部门中去，才能有针对性地提供高效率的服务。

一是要建立公开透明的沟通机制。畅通企业与相关部门的沟通渠道，对企业需要解决的问题，能及时做好协调解决工作；需要争取上级部门支持的，能协助企业争取上级部门解决。

二是要建立专题报告制度。市直各部门应该有计划地向市委、市政府提交服务企业发展、解决企业困难的专题报告，为区域政府决策提供直观素材。这样，在服务企业的过程中就不会流于形式，被动消极，而能积极高效地为企业排忧解难，提供高层次的优质服务。

二　完善金融体制建设，营造方便快捷的融资环境

（一）拓展新的融资渠道

一是建立项目招商引资发展投融资公司、典当行等，发挥融资租赁、典当等新兴融资渠道的优势。

二是推进城市信用社改革，发展城市商业银行。

三是完善信用担保体系，推进商业性、互助性担保机构建设。

四是政府要增加投入，保持市中小企业担保中心担保基金逐年增长，以满足中小企业的资金需求。

（二）推动商业银行管理改革

一是建立信贷激励与约束相结合的管理制度。实行绩效挂钩，根据发放贷款数量、盈利情况给予适当奖励，提高基层信贷人员贷款营销的积极性，改变当前普遍存在的信贷人员"宁可不放一笔，不能错放一笔"的惧贷心理。

二是完善银行科学的风险评估体系，提高信贷人员风险评估水平，做到应贷必贷，增加信用贷款。

（三）强化金融服务功能

银监部门积极为金融创新创造一个优良的发展环境，一方面通过优惠政策与超常措施加快引入股份制商业银行（如招商银行、民生银行、光大银行、中兴实业银行、浦东发展银行、兴业银行等）到新余摆摊设点，激活和新增有效金融资源，扩大企业融资可用空间；另一方面督促和指导各银行业金融机构认真执行《商业银行授权授信指引》等有关办法，防止新的"项目怪圈"，把有限的信贷资金真正用在有前途、有效益、带动示范作用大的项目上。

（四）创新金融服务手段

各商业金融机构要把实现金融创新作为发展的重要手段，以先进信用文化和现代银行管理技术创新信贷管理，再造信贷流程，拓宽服务领域，重点扶持资金实力强、具有品牌优势、信誉良好的中小民营企业上等级、上规模。同时积极发挥金融机构在代客理财、产业信息、项目评估等方面的优势，延伸服务内涵，在技术政策等方面进一步支持企业的跳跃性发展。

（五）大力发展风险投资

目前新余的企业能贷到的资金还远远不能满足产业集群发展的需要。因此，需要开辟多种融资渠道，要引进风险投资。风险投资是高科技产业化的一个发动机，但目前风险投资的资金走向存在一定缺陷，即往往只投入孵化成功后进入产业化的项目，对那些风险较大又急需投入的项目却少有问津。因此，要创造形式多样的更加适合项目开发和产品孵化期的风险投资；目前国内风险投资正在兴起，加入世界贸易组织以后，国外的风险投资机构也将陆续涌进国门，要抓住这个机遇，增强新余对风险投资的吸引力，吸引更多的风险投资机构到新余落户。

三　进一步打造"诚信新余"，营造诚实守信的信用环境

一是着手编制新余市信用体系建设规划，构建政府、企业和个人三大信用体系。打造"依法行政，取信于民"的信用政府，建设"诚信经营，履约践诺"的信用企业，塑造"诚实守信，真诚相待"的信用公民。

二是建立信用奖惩机制。对诚实守信的部门、企业和个人给予表彰和奖励，并大力宣传；对不守信用的部门、企业和个人，要依法记录并曝光，加大失信成本，形成人人争当诚信市民、个个争当诚信企业的浓厚氛围。

三是建设信用信息数据交换中心和信用网站。整合公安、税务、工商、银行、质监、海关、司法、社保等部门的信息和数据，形成全市统一的信用信息数据库。

四是大力培育信用中介机构。为社会全面提供信用查询、信用评级等产品或服务。

四　强化服务意识，营造舒心满意的服务环境

（一）千方百计地强化政策法规服务，着力提高政策法规的透明度

建议由对外开放工作主管部门牵头，协调各职能部门对现有优惠政策进行汇编，制作优惠政策小册子，通过市、区两级审批大厅或商协会等渠道向企业发放，同时。在各职能部门官方网站和新余政府网站开辟优惠政策专栏进行政策发布。新政策一经颁布实施或调整，要于颁布日或调整日当天及时上网发布和更新，方便企业查询。各职能部门要开通政策咨询电话，开设网上政策咨询平台，由专人及时解答企业提出的政策问题。另外，各职能部门要定期开展有针对性的政策培训活动，主动为企业宣讲有关政策。

（二）加强吸引外资的规划和引导，提高利用外资的整体水平

一是建立市领导与客商的沟通机制，使客商了解市里的政策变化，及时调整投资方案，避免损失，同时，消除对政府政策改变的不理解和反感

情绪。

二是进一步完善新余市外商俱乐部功能，充分发挥外商俱乐部在招商引资中"以商招商"的作用。

三是及时深入地开展政策细则制定前期的调研工作，努力提高政策的前瞻性。各部门制定各项政策细则时，要注意充分发挥商协会的作用，加强与行业商协会的沟通，确保出台的政策符合企业发展实际具有可操作性，满足企业经营发展需要。

（三）加强中介机构的服务效率和水平，维护市场秩序

一是进行中介机构脱钩改制工作，所有政府有关职能部门要在职能、编制、人员、财务、名称等方面与中介机构彻底脱钩，割断中介机构与政府部门的经济联系，培育具有独立法人资格，符合现代企业制度的合格的市场中介机构主体。对既有行政职能又兼有中介职能的机构，在实施行政职能和中介职能分离的基础上，尽快实行脱钩改制。

二是积极依法扶持中介机构重组联合，拓宽中介业务范围，开展多样性经营，引入中介服务的先进理念和先进经验，增加服务种类，提高服务质量。

三是积极引入国内外的优质中介机构落户本市，鼓励项目单位自主选择中介服务。

四是研究制定中介机构管理办法，规范中介服务市场竞争环境推动中介服务市场良性发展。

（四）提高服务行业等"窗口单位"工作人员素质

制定服务行业的服务标准，加大服务行业人员的业务培训力度，并在服务行业中开展"外树形象、内强素质"的评比活动，提高服务从业人员的业务素质和行业规范，使"我就是投资环境"的观念深入每一位服务行业人员心中，自觉地维护新余的形象。

五　加强社会综合治理，营造公正严明的法制环境

（一）加大对企业周边治安秩序集中整治力度

一是要加大对破坏投资环境行为的打击力度，减少投资者的损失，促使外来投资者安心投资。

二是大力构建社会治安防控体系，开展安全文明小区和无刑事案件社

区创建活动，增强来新余投资者的安全感。

（二）提高执法队伍的整体素质

一是要提高专业素质。行政执法人员要加强法律法规等相关专业的培训、学习，丰富行政执法人员的专业知识，为行政执法人员依法行政打好基础。

二是提高政治思想素质。在执法过程中行政执法人员要有良好的政治素质和职业道德，要具有政治上的坚定性，执法上的严肃性。

三是增加政务礼仪知识。在执法过程中行政执法人员要规范自己的言行举止，树立良好的政务新风尚。

四是要建立健全执法制度。制定配套考核标准和奖惩办法，落实错案追究和行政赔偿等制度，促进行政执法队伍树立严格执法、文明执法的责任心。

（三）全民的法制意识需要进一步增强

民众的法制意识淡薄，大多数经济纠纷是因为法制观念淡薄所引起，要建设一个良好的法制环境，全体市民的参与是不可缺少的。

六　突出发展优势产业，营造快速升级的产业环境

新余市虽然在太阳能等方面抢得先机，但从某种意义上说，新余的太阳能产业还处于初级阶段，目前生产的主要产品硅料也是整个太阳能产业的初级产品，因此必须加大投入，提高其产品的科技含量以保持技术上的优势，以及迅速借助目前的暂时取得的优势把整个产业链向高端发展，形成较完整的产业链，从而使得新余太阳能产业在全球取得主导优势。

新余市必须注重产业升级，结合新余已有的产业，引进新兴产业，进一步巩固完善新余的产业结构。新余的工业基础好，还有很大的产业容纳空间，因此，新余市在不断取得太阳能产业突破的同时，要密切关注其他对新余具有巨大可发展潜力的新兴产业。尤其是新能源领域，迅速实现产业的升级换代。

创办一所以光伏产业为特色，产学研紧密结合的新型大学。目前光伏产业的相关人才紧缺，而新余市的一些光伏企业里聚集了大批来自全球各地的各类人才，这些人才有不同的教育背景，有丰富的实战经验，这是一笔非常宝贵的师资资源，如果新余利用好，可以大大提高光伏、金融、管

理、外贸、外语、机电一体化等相关专业的教学水平。同时，这些国际化的企业也为广大的学生提供了实习的空间和就业机会，使相关专业的学生毕业即就业，为新余留住人才。这所大学将成为新余人才资源库和吸引外地人才的大平台，成为提升新余整体教育水平的龙头。

附表一　管理部门问卷调查表

江西省　　　　市（县）管理部门
投资环境调查问卷
填写单位：　　　　　　　　　　　填写人职务：
填写人职务：　　　　　　　　　　签名：
填表日期：2008 年　　　月　　　日

1. 以下是关于投资环境、经济发展及企业的
一些看法，您是否赞成？

	赞成	不赞成
①招商引资要不求所有，但求所在	（　）	（　）
②宁要活的 100 万，不要死的 1000 万	（　）	（　）
③江西省投资环境缺乏吸引力	（　）	（　）
④人人都是投资环境，事事连着信誉形象	（　）	（　）
⑤招商引资与江西省的城市化、工业化紧密相连	（　）	（　）
⑥招商引资短期看优惠，长期看环境	（　）	（　）
⑦江西省企业没有自主创新技术和创新能力	（　）	（　）
⑧高能耗企业应该被淘汰	（　）	（　）
⑨高污染及"五小"企业应该被淘汰	（　）	（　）
⑩在赣中央企业对地方经济贡献力度不大	（　）	（　）

2. 在下列招商引资的途径中，您个人认为较为有效的是（可多选，填写序号即可）：

①自建招商引资网站或在上一级政府招商引资网站上刊发项目资料

②邀请三外企业（市外、省外、国外）来赣参观考察

③企业组团参加省级部门和国家部委组织的各种招商引资会议

④将项目放入专业招商网站或行业招商网站

⑤通过同乡联谊会招商

⑥在沿海发达地区、大城市建立招商联络处、办事处

⑦与国家部委相关部门经常联系

⑧与外国驻华使馆、外国商会等建立联系

⑨由招商中介机构介绍

⑩其他

3. 在下列招商引资的方式上，您个人较为熟悉的是：

①市（县）外企业参股、兼并、收购本地企业

②市（县）外企业在本市新设企业

③本地企业获得各种产业投资基金的投资

④获得境外银行贷款

⑤企业在国内 A 股市场、香港证券市场融资

⑥企业在国外证券市场上市融资

⑦国内国际非政府组织在本市开展各种项目的投资

⑧国家和省级政府投资于本市的专项国债资金

⑨大型中央国企的专项投资

⑩其他

4. 在下列有关投资环境改善工作中提高行政人员工作效能、改善服务态度、加强廉洁程度的竞争及监督措施中，您认为哪一项较为有效？

①行政人员竞聘上岗

②开展群众对各部门的行风评议活动

③特聘监督员开展监督

④对在企业评价中居末位部门"一票否决"

⑤服务窗口设置电子按键服务评价器由公众考评

⑥建立网上投诉系统，公开投诉问题及处理过程

⑦效能建设领导机构开展明察暗访

⑧其他（请补充）

5. 请您选出您最不满意的投资环境小项，分别谈谈您不满意的原因以及应该如何改进。

基础设施	①土地供给 ②供水排水 ③电力供给 ④交通运输设施 ⑤邮电通信 ⑥供热供气
法制环境	①依法行政 ②法院、检察院工作 ③律师服务 ④仲裁服务 ⑤法律宣传
政策环境	①政策制定水平 ②政策公开透明程度 ③政策执行力度 ④投资优惠政策
行政环境	①行政人员廉洁程度 ②行政人员工作效率 ③行政人员工作能力 ④行政人员服务态度
市场环境	①市场开放程度 ②市场规范程度 ③产业配套情况 ④原料供给情况 ⑤市场销量 ⑥员工素质 ⑦金融服务 ⑧中介服务
社会环境	①舆论环境 ②城市形象 ③商务接待 ④交通管理 ⑤市容卫生 ⑥社会治安 ⑦教育条件 ⑧医疗服务

6. 您认为当前改善本地投资环境还需要理顺哪些体制机制、政策法规等方面的关系？（最好具体到部门、事项）

附表二 企业问卷调查表

江西省　　　市（县）企业投资环境问卷调查

企业名称：
填表日期：2008 年　　月　　日
填写人职务：　　　　签名：

一、企业基本情况

1. 贵企业所在地区：

①南昌　　　　　②九江　　　　　③赣州　　　　④上饶

⑤宜春　　　　　⑥吉安　　　　　⑦新余　　　　⑧抚州

⑨萍乡　　　　　⑩景德镇　　　　⑪鹰潭

2. 贵企业所从事的行业：

①农林牧渔业　　　　　　②制造业

③建筑安装业　　　　　　④电力、燃气及水生产供应业

⑤房地产业　　　　　　　⑥运输，仓储及邮电业

⑦贸易，金融业　　　　　⑧酒店，餐饮及娱乐业

⑨社会服务业　　　　　　⑩其他（请注明）＿＿＿＿＿＿＿＿

3. 企业所有制类型：

①国有企业　　　　　　　②民营企业

③外商投资企业

4. 投资来源地：

①日本　　　　　　　　　②美国

③欧盟　　　　　　　　　④东南亚

⑤港澳地区　　　　　　　⑥中国台湾

⑦外省　　　　　　　　　⑧本省

⑨其他

5. 企业所从事的行业（投资的项目）：

①农林牧渔业　　　　　　②房地产业

③制造业　　　　　　　　④酒店、餐饮及娱乐业

⑤贸易、金融业　　　　　⑥批发零售业

⑦物流运输业　　　　　　⑧其他

6. 企业员工规模：

①100 人以下　　　　　　②100—500 人

③500—1000 人　　　　　④1000—3000 人

⑤3000 人以上

7. 贵企业投资总额：

①10 万元以下　　　　　②10 万—50 万元

③50 万—100 万元　　　④100 万—500 万元

⑤500 万—1000 万元　　⑥1000 万—5000 万元

⑦1 亿元以上

8. 贵企业当初到江西省投资考虑的主要因素是（可 1—2 选项）：

①开拓江西省市场　　　　②劳动力充足且工资较低

③土地廉价且较易取得　　④投资政策比较优惠

⑤原辅材料资源比较丰富　⑥产业配套比较齐全

⑦地理位置较优越　　　　⑧语言，文化背景相似

⑨支持家乡经济建设　　　⑩其他

9. 贵企业是通过何种方式来江西省投资的：

①自己考察后选定　　　　②当地政府招商引资

③亲戚或朋友推荐　　　　④在已有项目基础上投资新项目

⑤受同行业带动　　　　　⑥其他（请注明）_____

10. 企业在江西省投资的时间：

①3 年以下　　　　　　　②3—5 年

③5—10 年　　　　　　　④10 年以上

11. 企业总体盈利情况：

①很好　　　　　　　　　②较好

③基本持平　　　　　　　④少量亏损

⑤亏损较大。

12. 今后三年内，是否准备扩大投资：

①大规模扩大　　　　　　②小规模扩大

③缩减规模　　　　　　　④准备转移他地。

13. 假如您再投资设立企业，选择投资地点时主要考虑的因素：

	首要考虑	主要考虑	一般考虑	不太考虑	根本不考虑
政府服务水平	①	②	③	④	⑤
经营成本	①	②	③	④	⑤
基础设施状况	①	②	③	④	⑤
产业配套能力	①	②	③	④	⑤
信息发达程度	①	②	③	④	⑤
对外开放、透明的程度	①	②	③	④	⑤
当地文化是否有利于经商	①	②	③	④	⑤
消费水平	①	②	③	④	⑤
经济规模	①	②	③	④	⑤
人口规模	①	②	③	④	⑤

其他（请说明）＿＿＿＿＿＿＿＿＿

14. 您对江西省投资环境的总体评价：

①很好　　　　　　　　　②比较好

③一般　　　　　　　　　④不太好

⑤很不好

15. 您认为近几年江西省投资环境的变化趋势如何？

①有明显改善　　　　　　②有改善，但仍不令人满意

③没什么变化　　　　　　④有变坏的趋势

⑤明显恶化

16. 您认为江西省投资环境现存的主要问题：（可多选，最多3项）

①审批办事手续烦琐　　　②交通运输不太方便

③招工比较困难　　　　　④工资成本变动较大

⑤企业融资困难　　　　　⑥产业配套及规模性差

⑦高层次技术及管理人才缺乏　⑧生活环境不舒适

⑨社会治安状况差　　　　⑩企业费税负担过重

17. 您认为总体上看，江西省优化投资环境政策落实不好的是（多选）

①省级部门　　　　　　　②市级部门

③县级部门　　　　　　　④乡镇部门

18. 贵企业所在县（市、区）是否已出台扶持招商引资企业发展的政策：

①是　　②否

19. 如果是，贵企业已享受到下列哪些优惠政策和支持：

①得到专项资金支持或财政补贴　②优先照顾建设用地

③减免部分税费　　　　　④政府帮助攻克技术难题

⑤帮助引进企业急需人才　⑥银行放宽贷款条件

⑦没有享受什么重要支持

20. 对于当地下列基础设施，贵企业满意的程度如何：

评价项目	很满意	较满意	一般	不满意	很不满意	不太清楚
总体状况	①	②	③	④	⑤	⑥
陆运设施	①	②	③	④	⑤	⑥
航空运输	①	②	③	④	⑤	⑥
邮电通信	①	②	③	④	⑤	⑥
电力、天然气、水等供应	①	②	③	④	⑤	⑥
能源供应	①	②	③	④	⑤	⑥

21. 请您对贵企业所在地区政府各职能部门的办事效率，服务态度和廉洁奉公状况做一评价：

评价项目	很满意	较满意	一般	不满意	很不满意	不太清楚
发展与改革部门	①	②	③	④	⑤	⑥
经贸部门	①	②	③	④	⑤	⑥

对外经贸部门	①	②	③	④	⑤	⑥
城建规划部门	①	②	③	④	⑤	⑥
规划部门	①	②	③	④	⑤	⑥
土地部门	①	②	③	④	⑤	⑥
环保部门	①	②	③	④	⑤	⑥
电力部门	①	②	③	④	⑤	⑥
工商管理部门	①	②	③	④	⑤	⑥
财政部门	①	②	③	④	⑤	⑥
物价管理部门	①	②	③	④	⑤	⑥
劳动和社会保障部门	①	②	③	④	⑤	⑥
质量技术监督部门	①	②	③	④	⑤	⑥
城管部门	①	②	③	④	⑤	⑥
交通管理部门	①	②	③	④	⑤	⑥
科技管理部门	①	②	③	④	⑤	⑥
卫生防疫部门	①	②	③	④	⑤	⑥
公安、消防部门	①	②	③	④	⑤	⑥
检察院、法院	①	②	③	④	⑤	⑥
外事部门	①	②	③	④	⑤	⑥
地税部门	①	②	③	④	⑤	⑥
国税部门	①	②	③	④	⑤	⑥
海关出入境检验检疫部门	①	②	③	④	⑤	⑥
人民银行及外汇管理部门	①	②	③	④	⑤	⑥

22. 贵企业对当地以下政策及其执行情况的评价是：

评价项目	很满意	较满意	一般	不满意	很不满意	不太清楚
劳动用工、保险制度	①	②	③	④	⑤	⑥
工会制度	①	②	③	④	⑤	⑥
环境保护条例	①	②	③	④	⑤	⑥
设备免税进口政策	①	②	③	④	⑤	⑥
出口退税政策	①	②	③	④	⑤	⑥
所得税减免政策	①	②	③	④	⑤	⑥

23. 2007 年贵企业所承担税外费与 2006 年相比的情况是：

①加重　　②不变　　③减轻

其中，您认为最不合理的税外费是：

24. 2007 年贵企业接受各种名目的检查与 2006 年相比的情况是：

①增多　　②不变　　③减少

其中，您认为最不满意的检查项目是：

25. 您对贵企业所在地区下列各项基础设施现状的满意程度是：

评价项目	很满意	较满意	一般	不满意	很不满意	不太清楚
公路运输	①	②	③	④	⑤	⑥
铁路运输	①	②	③	④	⑤	⑥
港口及航运	①	②	③	④	⑤	⑥
空港及空运	①	②	③	④	⑤	⑥
邮电通信	①	②	③	④	⑤	⑥
电力供应	①	②	③	④	⑤	⑥
水供应	①	②	③	④	⑤	⑥
气供应	①	②	③	④	⑤	⑥
环保设施	①	②	③	④	⑤	⑥
酒店及文体设施	①	②	③	④	⑤	⑥

26. 贵企业负责对口业务的高级管理人员平均每周用于与政府有关部门（如税收、关税、劳动力管理、登记注册等）交往或完成其布置工作（包括处理与政府工作人员的关系、报送各类报表等）占他工作时间百分比_____％。

27. 据说有些企业为办成事（比如在关税、税务、登记注册、规章执行和服务等方面）而支付一些非正常性费用。与贵企业类似的公司的年营业收入中用于非正常性费用的支出占多大比例？_____％。

28. 您对企业的市场环境如何评价？

①政府对市场环境监管力度强　②假冒伪劣产品冲击正常的企业产品销售

③同行业恶性竞争　　　　　　④货款拖欠影响企业资金周转

⑤其他方面的问题

29. 您认为江西省企业诚信环境如何？

①好　　　　　　　　　　②较好

③一般　　　　　　　　　④较差或很差

30. 您是通过哪种渠道获取政府有关部门文件及其他相关信息？

①通过网站获得各级政府颁布的有关文件　　②通过报刊获得

③通过有关部门获得　　　　　　　　　　④通过其他渠道获得

31. 您认为政府招商引资的政策兑现状况如何？

①全部兑现　　　　　　　②部分兑现

③几乎没有兑现　　　　　④不知道

⑤重招商，轻服务

32. 贵企业能否在本地获得所需的商业服务，这些商业服务的质量如何？

评价项目	很满意	较满意	一般	不满意	很不满意	不太清楚
工程服务	①	②	③	④	⑤	⑥
管理咨询	①	②	③	④	⑤	⑥
市场调研	①	②	③	④	⑤	⑥
会计核算	①	②	③	④	⑤	⑥
法律服务	①	②	③	④	⑤	⑥
保险	①	②	③	④	⑤	⑥
信息技术服务	①	②	③	④	⑤	⑥

33. 贵企业的主要融资渠道为：

①内部基金或留成收益　　②商业银行贷款

③投资基金　　　　　　　④私人借款

⑤非正式来源　　　　　　⑥其他

34. 贷款的实际利率大约是多少_____％。

35. 在当地银行申请贷款，一般获批所需时间为_____。

36. 高管人员在江西省生活最关心哪些问题？（可多选）

①交通状况　　　　　　　②医疗条件

③居住环境　　　　　　　④子女教育

⑤签证手续　　　　　　　⑥休闲娱乐

⑦其他

37. 您感到企业周边的社会治安状况如何？

①非常安全 ②比较安全

③不太安全 ④经常受到干扰

38. 企业在人力资源方面遇到的主要问题为：

①中高级技术人员不足 ②中高级管理人员不足

③一般劳动者受教育程度低、难以管理 ④劳动力流动性大

⑤劳动力市场不发育 ⑥劳资纠纷多

⑦劳动和社会保障制度不完善，成本高 ⑧其他

39. 江西省法制环境存在的主要问题是（多选）：

①不依法或违法办案 ②地方保护主义严重

③办案程序不规范、不公开 ④法院判决或仲裁结果得不到有效执行

40. 您认为江西省现行优惠政策：

①有一定吸引力 ②与中部其他省份差不多

③没有中部其他省份优惠 ④其他

41. 您对优化江西省投资环境，如资金筹措、工商登记、税务优惠、外贸经营权、出国签证、投资项目审批、企业用地或用房、职称评定、子女入学、管理收费方面有何具体意见或建议？（任意项，可另附页）：

参 考 文 献

1. 戴园晨：《投资环境及其评价体系》，《宁夏大学学报》1994 年第 1 期。

2. 方维慰、李同升：《中国投资环境研究综述》，《宁夏大学学报》（自然科学版）1999 年第 2 期。

3. 冷俊峰：《改善投资环境促进区域经济发展的研究》，《技术经济》2003 年第 7 期。

4. 张汉亚、张长春、郭盛芳：《城市投资环境评价系统的设计》，《计算机工程与应用》2002 年第 12 期。

5. 孙丽辉：《论构建西部良好投资环境的意义和措施》，《西安邮电学院学报》2003 年第 2 期。

6. 魏心镇、王缉慈：《新的产业空间：高技术产业开发区的发展与布局》，北京大学出版社 1993 年版。

7. 康灿华、曹滨：《从国际直接投资的新趋势看我国现有投资环境及政策调整》，《科技进步与对策》2002 年第 5 期。

8. 周长瑚：《投资环境的主要内容》，《特区经济》2001 年第 9 期。

9. 刘渝琳、韩加强：《重庆市"绿色"投资环境评价指标体系》，《重庆大学学报》（自然科学版）2004 年第 10 期。

10. F. Burton, H. A. Inoue, Country Risk Model of Foreign Asset Expropriation in Developing Countries, *Applied Eeonomies*, 1989, Vol. 108 （11）：1009 – 1048.

11. R. Stobaugh, How to Analyze Foreign, Investment Climate, *Harvard Business Review*, 1996, Vol. 9：100 – 108.

12. 盛从锋、徐伟宣、许保光：《中国省域投资环境竞争力研究》，《中国管理科学》2003 年第 3 期。

13. 刘建伟：《试论投资环境研究的几个理论与实践问题》，《兰州大学学报》（社会科学版）1998 年第 4 期。

14. 程连生：《中国城市投资环境分析》，《地理学报》1995 年第 3 期。

15. 鲁明涨：《外国直接投资区域分布与中国投资环境评估》，《经济研究》1997 年第 12 期。

16. 苏亚芳：《地理信息系统的新应用：城市投资环境信息系统》，《国家重点实验室通讯》1995 年第 1 期。

17. 贾坤：《投资环境评估方法初探》，《投资管理与研究》1992 年第 2 期。

18. 郭信昌、刘恩专：《投资环境分析·评价·优化》，中国物价出版社 1993 年版。

19. 王尉东、薛国琴：《地区投资环境体系探讨》，《绍兴文理学院学报》（自然科学版）2003 年第 8 期。

20. 王绍飞：《我国经济开发区投资环境评价指标体系的研究》，《国土经济》1999 年第 2 期。

21. 潘申彪：《层次分析法在区域投资环境评价中的应用》，《工业技术经济》2002 年第 6 期。

22. 何晓群：《多元统计分析》，中国人民大学出版社 2004 年版。

23. 何晓群：《现代统计分析方法与应用》，中国人民大学出版社 1995 年版。

24.《中国地方概览》（http：//www.ehina.eom.en/eity/zhuanti/dfgl/node_ 5159199.hml）。

25. 王芳：《主成分分析与因子分析的异同比较及应用》，《统计科学与实践》2004 年第 2 期。

26. 鲁明乱、潘镇：《中国各地区投资环境评估与比较：1990—2000》，《管理世界》2002 年第 11 期。

27. 鲁明乱、潘镇：《中国重要城市投资环境评估与比较——兼论南京市投资环境》，《南京科学》2002 年第 1 期。

28. 白雪梅、赵松山：《多种综合评价方法的优劣判断研究》，《统计研究》2000 年第 7 期。

29. 苏亚芳：《城市投资环境的评价模型及应用》，《地理研究》1994 年第 3 期。

30. 李昂：《我国沿海、中部、西部投资环境的比较研究》，《国际经贸探索》1995 年第 1 期。

31. 文余源：《中国省域投资环境的对比评价与分析》，《华中师范大学学报》（自然科学版）2001 年第 1 期。

32. 刘洪明：《中国各地区投资环境的对比分析》，《地域研究与开发》1999 年第 2 期。

33. 许刚、佘之祥：《长江三角洲地区投资环境及其分级评价》，《云南地理环境研究》1996 年第 2 期。

34. 石忆韵、洪琳、张洪武：《中国投资环境评价方法论研究》，《同济大学学报》（社会科学版）2003 年第 2 期。

35. 刘洪明：《关于投资环境的研究》，《天津师范大学学报》（自然科学版）1997 年第 1 期。

36. 张敦富、付晓东：《认识投资环境建设的重要性》，《经贸导刊》2002 年第 6 期。

37. 黄朝永：《投资环境研究面临的改革：科学化与产业化》，《地理科学进展》1998 年第 3 期。

38. 徐大图、黄东兵：《开放城市投资环境评价指标及评价方法》，《中国软科学》1992 年第 3 期。

39. 吴玉鸣：《中国区域投资环境评估指标系统的构建及综合评价方法》，《南都学坛》（人文社会科学学刊）2002 年第 2 期。

40. 薛薇：《SPSS 统计分析方法及应用》，电子工业出版社 2004 年版。

41. 周绍森、尹继东：《江西省在中部地区崛起方略》，江西人民出版社 2002 年版。

42. 尹静：《中国城市投资环境评价方法研究》，硕士学位论文，西南交通大学，2003 年。

43. 文余源：《城市投资环境评价理论与实证研究》，硕士学位论文，华中师范大学，1999 年。

44. C. H. Chen, Regional Determinants of Foreign Direct investment in Mainland China, *Journal of Economic Studies*, 1996, Vol. 23 (2): 15 – 30.

45. H. StePhen , M. Mark, The UK Regional Distribution of Foreign Investment, *Analysis and Determinants Regional Studies*, 1992, Vol. 26(4):535 – 544.

46. K. Chang, T aiwanese Foreign Direct Investment and Trade With Thailand, *Singapore Jurnal of Tropical Goegraphy*, 1994, Vol. 15 (2): 112 – 127.